Donna G. Corwin

Die Auszeit-Methode

Donna G. Corwin

DIE AUSZEIT-METHODE

DER NEUE WEG, KONFLIKTE ZU LÖSEN

Urania-Ravensburger

Zum gleichen Themenbereich bereits erschienen:
Gertrud Teusen: Das Trotzalter, ISBN 3-332-01029-8
Helga Gürtler: Regeln finden ohne Tränen, ISBN 3-332-00717-3
Kimberley Barrett: Eltern sein ohne Streß, ISBN 3-332-00864-1
Karola Schuster-Brink: Regeln und Rituale im Kinderalltag, ISB 3-332-00642-8

Die Autorin:
Donna G. Corwin ist Autorin zahlreicher Elternratgeber. Sie schreibt für verschiedene Magazine über die Themen Erziehung, Gesundheit, Reise und Lifestyle. Donna G. Corwin lebt mit ihrem Mann und ihrer Tochter in Kalifornien.

Die Deutsche Bibliothek – CIP-Einheitsaufnahme
Ein Titeldatensatz für diese Publikation ist bei Der Deutschen Bibliothek erhältlich.

© 1996 by Donna G. Corwin
Published by arrangement with NTC/Contemporary Publish. Group. Inc.
Titel der amerikanischen Originalausgabe: „The Time-out Prescription"

ISBN 3-332-01096-4

© 2000 by Urania-Ravensburger in der Dornier Medienholding GmbH, Berlin

Die Verwertung der Texte und Bilder, auch auszugsweise, ist ohne Zustimmung des Verlags urheberrechtswidrig und strafbar. Dies gilt auch für Vervielfältigungen, Übersetzungen, Mikroverfilmungen und für die Verarbeitung mit elektronischen Systemen.
Die Ratschläge in diesem Buch sind von Herausgeber und Verlag sorgfältig erwogen und geprüft, dennoch kann eine Garantie nicht übernommen werden. Eine Haftung des Herausgebers bzw. des Verlags und seiner Beauftragten für Personen-, Sach- und Vermögensschäden ist ausgeschlossen.
Die Schreibweise entspricht den Regeln der neuen Rechtschreibung.

Umschlaggestaltung: Behrend & Buchholz, Hamburg
Titelfoto: Reiner Grass, Hamburg
Fotos: Adobe Image Library (7), Digital Stock (1), Digital Vision (3), MEV (3), PhotoDisc (2), Project Photos (1), Stockbyte (3)
Übersetzung: Jeanette Stark-Städele
Redaktion: Dr. Magda Antonic
Eine Buchproduktion von MediText, Stuttgart
Druck: Messedruck Leipzig
Printed in Germany
Gedruckt auf alterungsbeständigem Papier mit chlorfrei gebleichtem Zellstoff
04 03 02 01 00 5 4 3 2 1
ISBN 3-332-01096-4

INHALT

Einleitung **ZUM KONFLIKTFREIEN UMGANG MIT DEM KIND FINDEN** 8

1. Kapitel **WIE FUNKTIONIERT DIE AUSZEIT-METHODE?** 13
Eine praktische Definition 14
Warum ist die Auszeit-Methode notwendig? 15
Disziplin ist, was wir daraus machen 18
Böse Kinder gibt es nicht 19

2. Kapitel **WAS MAN FÜR DIE AUSZEIT-METHODE BRAUCHT** 21
Der Stuhl 22
Der Wecker 25
Wie lange dauert die Auszeit? 26
Der richtige Ort 27

3. Kapitel **DIE WICHTIGSTEN GRUNDSÄTZE DER ERZIEHUNG** 29
Verschiedene Temperamente 30
Grenzen müssen sein 31
Kinder müssen lernen, Probleme zu lösen 32
Ein Klaps schadet nicht? 34
Bis zehn zählen 36
Konsequenz 37

4. Kapitel **POSITIVE VERSTÄRKUNG WIRKT WUNDER!** 39
Das Kind ist nicht böse 40
Die Gefühle des Kindes aufnehmen und widerspiegeln 42

Fairness – die Erwartungen an das Kind 43
Keine ewigen Diskussionen! 43
Alternativen anbieten 44
Keine ungerechten Schuldzuweisungen! 45
Gemeinsam lachen 46
Loben – im richtigen Maß 47
Zu wenig Lob 48
Das Punktesystem zur Belohnung positiven Verhaltens 49

5. Kapitel **RICHTIG KOMMUNIZIEREN** 53
Die nonverbale Kommunikation 54
Die Regeln respektieren 55
Logische Folgen 57
Klar und deutlich mit dem Kind reden 58
Wenn „Nein" Ja bedeutet 59

6. Kapitel **BESONDERE SITUATIONEN** 61
Wenn das Kind unter Stress steht 62
Die Gefühle der Eltern 63
Doppelter Ärger: Auszeit für zwei Kinder 65
Geschwisterrivalität 66
Das Streichen von Vergünstigungen 67
Auszeit außer Haus 69

7. Kapitel **DAS TEMPERAMENT DES KINDES** 73
Wenn die Auszeit-Methode nicht zu funktionieren scheint 74
Altersgemäßes Verhalten 75
Wutanfälle und andere schreckliche Momente 77
Das widerspenstige Kind 81
Die Eltern-Kind-„Passung" 82
Lernstile: Jedes Kind ist anders 85

Wenn alles andere misslingt 85
Kinder mit ADS 88

8. Kapitel — WORAUF DIE ELTERN BESONDERS ACHTEN MÜSSEN 89

Wenn die Eltern überlastet sind 90
Zeit für die Partnerschaft 93
Auch Eltern brauchen eine Auszeit 94
Die Auszeit-Methode ist Teamwork 96
Nicht so viel reden 99
Verlassen Sie den Schauplatz 100
Überfordern Sie Ihr Kind nicht 101
Das Kind „loslassen" 102
Auch mal was durchgehen lassen 104
Was nicht toleriert werden darf 107
Vorbildverhalten 108

9. Kapitel — VON SCHLAFEN, BADEN, ESSEN UND ANDEREM 109

Einschlafrituale 110
Baden – manchmal darf man auch schmutzig sein 113
Ihr Kind wird nicht verhungern! 114
An- und Ausziehen 116

10. Kapitel — FRAGEN UND ANTWORTEN 119

Register 128

Einleitung

ZUM KONFLIKTFREIEN UMGANG MIT DEM KIND FINDEN

Kinder sind die größte Bereicherung unseres Lebens. Sie können aber auch zu unserer größten Herausforderung werden. Da verwandelt sich unser einzigartiger, süßer, nachdenklicher und gefühlvoller kleiner Schatz plötzlich in ein unberechenbares, tobendes Wesen, das nur noch „Nein" brüllt. Die Eltern stehen völlig hilflos daneben. Wie kann das geschehen?

Warum haben Sie jeden Bereich Ihres Lebens locker im Griff, nur nicht Ihr Kind? Warum bringt Sie die Erziehung Ihres Kindes immer wieder an Ihre Grenzen? Warum wissen Sie manchmal nicht mehr, was Sie tun sollen? Mal bekommen Sie Schuldgefühle, dann wieder sind Sie frustriert, wütend und verwirrt.

Die Erziehung eines Kindes ist ein fortlaufender Prozess. Sie müssen sich mit allen Aspekten der Persönlichkeit eines anderen Menschen auseinander setzen – seinen Gedanken, Bedürfnissen und Gefühlen. Es ist der verantwortungsvollste und schönste Job, den Sie jemals haben werden; doch bevor Sie in diesen langen Prozess einsteigen, sollten Sie über einige grundlegende Fertigkeiten verfügen.

Manche Eltern übernehmen die Erziehungsmethoden ihrer eigenen Eltern. Oft mit gemischtem Erfolg. Die meisten modernen Eltern fühlen sich nicht wohl dabei, ihrem Kind einen Klaps zu verpassen. Sie brauchen alternative Methoden, mithilfe derer Sie die vielen Jahre der Entwicklung Ihres Kindes erfolgreich meistern können.

Als Mutter und Autorin zahlreicher Elternratgeber habe ich selbst viele Erziehungsmethoden ausprobiert. Vor dem

*W*er auf ein willensstarkes Kind immer nur „einredet", kommt nicht weit.

Konfliktfreier Umgang mit dem Kind

Hintergrund dieser Erfahrungen schreibe ich nun über die erfolgreichsten Methoden.

Als ich ein Buch über die Auszeit-Methode für Kleinkinder schrieb (Time-out for Toddlers), hatte ich keine Vorstellung, wie erfolgreich dieses Buch sein würde. Nach vielen Hundert Gesprächen mit Eltern war mir klar, dass es notwendig ist, das Buch „Die Auszeit-Methode" zu schreiben, in dem dieser einfache Ansatz, dem Kind bei Fehlverhalten eine Auszeit zu geben, zu einer umfassenden Erziehungsmethode ausgebaut wird.

Während der Kleinkind-, Vorschul- und Grundschulzeit meiner Tochter habe ich die Auszeit-Methode angewandt. Sie ist mit Sicherheit eine der besten Disziplinierungsmaßnahmen für kleine Kinder. Es handelt sich dabei um einen konsequenten, aber gewaltfreien Weg, dem Kind zu helfen, die gesetzten Grenzen zu respektieren. Außerdem bietet sie dem Kind durch das Vorbildverhalten der Eltern ein positives Rollenmodell. Die Eltern handeln ruhig und überlegt, statt immer nur zu schimpfen. Wenn die Eltern schlagen und unberechenbar strafen und brüllen, wird sich auch das Kind so unbeherrscht verhalten. Die Auszeit sowie die anderen in diesem Buch vorgestellten Erziehungsmaßnahmen helfen Ihnen, diese Fallen im Erziehungsalltag zu umgehen.

Kinder sind äußerst beeinflussbar und übernehmen das Verhalten ihrer Eltern.

Was ist, wenn das Kind älter wird? Ist dann die Auszeit-Methode noch wirksam? Ich habe mir diese Frage auch gestellt. Als meine Tochter Alexandra neun Jahre alt war, dachte ich, sie sei nun wohl zu alt dafür. Alexandra war immer sehr temperamentvoll und wild gewesen und nicht leicht zu bändigen. Und so ließ ich die Sache schleifen, folgte meinen Grundsätzen nicht mehr und wurde in der Erziehung nachlässig. Doch bald stritten wir nur noch miteinander und kamen nicht mehr weiter. Da beschloss ich, zu meinen erzieherischen „Wurzeln" zurückzukehren.

Einleitung

Eines Abends hatten Alexandra und ich eine heftige Auseinandersetzung wegen der Schlafenszeit. Darüber stritten wir immer wieder und kamen nie zu einer Einigung. Der Kampf endete normalerweise mit einem Drama – wir brüllten einander an und Tränen flossen. Es war mir rätselhaft, warum eine Erziehungsexpertin wie ich diese Situation einfach nicht in den Griff bekam. In der Hitze des Gefechts rief ich: „Auszeit!"

Alexandra war schockiert. Sie fragte mich: „Was hast du gesagt, Mami?" Aber ihr wurde schnell klar, was ich meinte, als ich unseren vertrauten Auszeit-Stuhl und den Wecker hervorholte. Ich sagte ihr, dass sie nun eine Auszeit nehmen würde. Ihr ewiges Streiten, Brüllen und ihre Unfolgsamkeit müssten nun Folgen haben.

Alexandra weigerte sich zunächst. Sie schimpfte und weinte. Ich blieb hart; das war mir noch nie leicht gefallen. Aber dann ging ich in mein Büro. Ich sagte ihr, dass auch ich eine Auszeit nehmen würde; das hatte ich an diesem Punkt auch bitter nötig. Und ich machte ihr klar, dass es weitere Konsequenzen hätte, wenn sie ihre Auszeit nicht einhalten würde. Ich stellte den Wecker auf neun Minuten. Sie stand auf, presste die Hände an den Mund und setzte sich dann auf den Stuhl. Ich ging in mein Zimmer und schloss die Tür.

Nach ungefähr fünf Minuten spähte ich aus meiner Tür. Alexandra saß ruhig auf ihrem Stuhl. Welch ein Wunder! Wie einfach! Die Auszeit-Methode funktionierte noch. Ich war begeistert.

Ich ließ weitere vier Minuten vergehen. Der Wecker lief ab. Alexandra war nun in der Lage, ruhig zu reden. Auch ich hatte mich beruhigt. Wir waren nun beide bereit, einander zuzuhören. Die Auszeit-Methode war ein voller Erfolg. Warum nur hatte ich diese wirkungsvolle Verhaltenstechnik

Ich erkannte damals, dass Eltern die Auszeit-Methode nicht nur bei kleinen Kindern anwenden sollten, sondern sie auch bei ihrem älter werdenden Kind beibehalten sollten.

Konfliktfreier Umgang mit dem Kind

vernachlässigt! Diese Erfahrung war mit ein Grund, warum ich dieses Buch geschrieben habe.

Dieses Buch ist eine praktische Einführung in die Auszeit-Methode. Die Auszeit ist eine Technik, die beide Parteien – Eltern und Kind – Selbstbeherrschung lehrt. Damit die Auszeit-Methode funktioniert, muss sie aber richtig angewandt werden. Ich werde ständig von Eltern angesprochen, die gern eine schnelle „Gebrauchsanweisung" für diese Methode hätten. Meist wissen sie nicht so recht, in welcher Situation sie sie einsetzen sollen und für wie lange. Sie fragen, wie sie diese Methode einsetzen sollen, wenn sie nicht zu Hause sind und wann sie nicht angebracht ist.

Dieses Buch bietet eine einfache, praktische Elterninformation über alle Aspekte dieser Erziehungsmethode. Wir verzichten auf ausgefeilte Theorien, sondern bringen die Sache kurz und bündig auf den Punkt.

Ich bin Mutter. Darum weiß ich genau, welche Probleme sich den Eltern stellen. Das Buch enthält Tabellen und Checklisten. Sie enthalten die wichtigsten Regeln und Zielsetzungen, anhand derer Sie überprüfen können, wie effektiv diese Methode bei Ihnen funktioniert.

Natürlich ist es noch wirksamer, wenn man die Auszeit mit anderen Disziplinierungsmaßnahmen kombiniert. Hierzu gehören unter anderem die positive Verstärkung, das Erstellen eines Belohnungssystems sowie das Einhalten altersgemäßer Regeln. Besonders wichtig ist auch die beiderseitige Fähigkeit zuzuhören. All diese Techniken können den Eltern ein praktikables Rezept für eine liebevolle Erziehung liefern.

Ein Kapitel befasst sich speziell mit dem Temperament des Kindes. Es handelt sich dabei um ein Schlüsselkapitel in diesem Buch, das ich als außerordentlich wichtig betrachte. Jedes Kind ist anders. Und deshalb wird auch jedes Kind auf

Die meisten Eltern haben keine Zeit, dicke, tief schürfende psychologische Bücher zu lesen, die mehr Fragen aufwerfen, als sie beantworten.

Einleitung

Die Art und Weise, wie wir mit unserem Kind kommunizieren, ist oft der Schlüssel zu unserem Erfolg als Eltern.

Erziehungsmaßnahmen – und speziell auf die Auszeit – anders reagieren. Sie können den Erfolg bei Ihrem Kind nicht an einem anderen Kind messen. Sie müssen herausfinden, wie Ihr Kind ist, welches seine Bedürfnisse sind und wie Ihre gegenseitige Kommunikation verläuft.

Wichtig ist es auch, dass Eltern die persönlichen Unterschiede zwischen sich und Ihrem Kind bestimmen. Denn Kinder sind anders als ihre Eltern – und das müssen die Eltern erst einmal anerkennen. Sonst kommt es zu ständigen Eltern-Kind-Konflikten, die das Familienleben negativ beeinflussen.

Dieses Buch beantwortet auch spezielle Fragen, die immer wieder von Eltern gestellt werden. Die Antworten helfen, die eigenen Probleme besser zu verstehen.

Mit Hilfe der beschriebenen Erziehungsgrundsätze können Sie Ihrem Kind helfen, sein Verhalten in den Griff zu bekommen. Und Sie selbst sind dadurch ebenfalls in der Lage, beherrscht auf eskalierende Situationen im Erziehungsalltag zu reagieren. Auf diese Weise kann man ständige Konflikte vermeiden. Mit meiner bewährten Technik finden Sie zu einem konfliktfreieren Umgang mit Ihrem Kind und zu einer intensiveren Beziehung zu Ihrem wertvollsten Gut – Ihrem Kind.

WIE FUNKTIONIERT DIE AUSZEIT-METHODE?

Die Auszeit-Methode ist eine Verhaltenstechnik, bei der das Kind bei einem Fehlverhalten den „Schauplatz" verlassen und eine Zeit lang ruhig auf einem Stuhl sitzen muss. Diese Methode wird bei Kindern zwischen zwei und zehn Jahren angewandt.

Wie funktioniert die Auszeit-Methode?

MIT DER AUSZEIT ZUM RICHTIGEN VERHALTEN

Der Begriff „Auszeit" stammt aus dem Sport; dort wird eine Auszeit angesetzt, damit die Spieler sich neu gruppieren, ihre Strategie überdenken und eine Pause einlegen können. Bei einem Kind geht es letztlich um das Gleiche. Wenn Kinder erregt sind, muss von außen eingegriffen werden, damit sie wieder zur Ruhe finden können. Sie brauchen jemanden, der ihnen hilft, richtiges Verhalten zu erlernen. Sie sind kaum in der Lage, sich selbst zu kontrollieren und zu disziplinieren. Ein Kind denkt nicht: „Ich spiele jetzt gerade so schön mit meinem Freund, aber nun muss ich aufhören und nach Hause zum Essen gehen." Ein Kleinkind kann völlig überreizt sein und ausrasten. In dieser Situation ermöglicht ihm eine Auszeit, innezuhalten und sich „abzukühlen" – so wie ein Sportler.

EINE PRAKTISCHE DEFINITION

Die Auszeit ist eine Methode, das unerwünschte Verhalten des Kindes auf ruhige Weise zu unterbinden. Die Eltern lassen sich emotional nicht auf eine Eskalation ein.

Warum ist diese Vorgehensweise so erfolgreich? Wenn Sie Ihr Kind anschreien oder ihm einen Klaps geben, lassen Sie sich gefühlsmäßig total mitreißen. Sie sagen oder tun vielleicht etwas, das Ihr Kind emotional verletzt und seelische Narben hinterlassen kann. Die Auszeit dagegen schafft Distanz. Wenn sie richtig angewandt wird, wird dabei nicht

Warum ist die Auszeit-Methode notwendig?

„aus dem Bauch" heraus reagiert. Und sie hält das Kind davon ab, sich noch weiter in sein Verhalten hineinzusteigern.

Die Auszeit nutzt also auch den Eltern, weil sie ihnen Gelegenheit gibt, ruhig zu werden und ihr Handeln zu überdenken. Eltern können genauso überreagieren wie Kinder – eine höchst explosive Situation, die zu einem Eklat führen kann.

WARUM IST DIE AUSZEIT-METHODE NOTWENDIG?

Die Medien überfluten uns mit negativen, aggressiven Bildern, denen auch unsere Kinder ausgesetzt sind. Es ist sehr schwierig, Kinder vor allen negativen Einflüssen zu schützen. Wir leben in einer Welt, die Verbrechen reißerisch aufbereitet; so werden z. B. die Fotos von Gewaltverbrechern in jeder Zeitung abgebildet und Gewaltverbrechen in Talkshows ausgebreitet. In dieser Welt ist es eine schwierige Aufgabe, ein Kind zu einem moralischen, verantwortungsbewussten und fürsorglichen Menschen zu erziehen.

Wir leben in einer gewaltbereiten Gesellschaft.

Negative Aufmerksamkeit

Kinder erhalten widersprüchliche Botschaften darüber, was im Leben wichtig ist. Sie sehen, wie negatives Verhalten große Aufmerksamkeit auf sich zieht. Selbst sehr zweifelhafte Verhaltensweisen von Sportidolen kommen in Fernsehen und Presse groß heraus – auch wenn solche „Vorbilder" in Schlägereien verwickelt sind, Drogen nehmen oder verhaftet werden. In unserer Gesellschaft kommt schlechtem Verhalten automatisch negative Aufmerksamkeit zu. Eltern dagegen versuchen ihrem Kind zu vermitteln, dass schlechtes Verhalten einen Entzug der Aufmerksamkeit zur Folge hat: „Wenn du dich schlecht benimmst, möchte ich nichts

Wie funktioniert die Auszeit-Methode?

von dir wissen (Auszeit). Es lohnt sich also nicht, auffällig zu werden, zu toben und zu brüllen." Als engagierte Eltern haben Sie also die Verantwortung, in der Familie Respekt und Selbstbeherrschung zu grundlegenden Werten zu machen – in der Hoffnung, dass Ihr Kind diese Regeln und Werte in sein Erwachsenenleben mitnimmt.

Der fünfjährige Jan beobachtete, wie sein Freund Niklas weinte und tobte, weil er vor dem Abendessen keine Kekse bekam. Als Niklas noch lauter brüllte, gab seine Mutter nach. Er bekam seine Kekse, damit er ruhig war.

Solches Verhalten wird schnell zur Gewohnheit. Das Kind setzt sein Weinen und sein negatives Verhalten gezielt ein, um sein Ziel zu erreichen.

Jan war verblüfft. Er wäre niemals auf die Idee gekommen, vor dem Essen um Kekse zu betteln. Aber diese Situation fand er interessant. Als Jan mit seiner Mutter im Einkaufszentrum war, wollte er Karussell fahren. Seine Mutter war aber in Eile und wollte heimgehen. Jan erinnerte sich an Niklas' Szene. Also versuchte auch er, seinen Wunsch durch negative Aufmerksamkeit durchzusetzen. Pech für Jan – seine Mutter würde seinen Wutanfällen nie nachgeben. Stattdessen verhängte sie eine Auszeit und strich einige Vergünstigungen. Jan begriff die Botschaft schnell: Negative Aufmerksamkeit funktionierte bei ihm nicht. Er versuchte es kein zweites Mal mit seinem Gequengel.

Wir sehen an diesem Beispiel, dass es wichtig ist, negatives Verhalten konsequent zu missbilligen und nicht letztlich doch durch Nachgeben zu belohnen. Belohnt werden muss vielmehr positives Verhalten.

Eine gewaltfreie Erziehung

Die Umgangsformen in Ihrer Familie werden unvermeidlich den Charakter Ihres Kindes formen. Ihr Kind wird auf die

Warum ist die Auszeit-Methode notwendig?

Erziehungsmaßnahmen, die Sie anwenden, reagieren. Deshalb sollten Sie positive Maßnahmen ergreifen, die Ihr Kind konstruktive Verhaltensweisen lehren. Die Auszeit ist eine liebevolle, gewaltfreie Methode der Disziplinierung eines Kindes. Da in unserer Gesellschaft gewalttätiges Handeln alltäglich ist, ist es besonders wichtig, in der Familie von der Gewalt wegzukommen. Wenn Sie Ihr Kind anbrüllen oder ihm einen Klaps geben, geben Sie nicht nur ein schlechtes Vorbild ab, sondern begeben sich selbst schon auf den Weg zu einem gewalttätigen Verhalten.

Wenn Sie Ihr Kind – auch nur gelegentlich einmal – schlagen und ihm dann aber erzählen, es dürfe niemanden hauen, vermitteln Sie ihm sehr widersprüchliche Botschaften. Sie sind dann für Ihr Kind nicht mehr glaubwürdig und es verliert sein Vertrauen in das, was Sie sagen und tun. Das verunsichert ein Kind. Ihr Kind muss wissen, welche Regeln gelten – für alle. Nur dann kann es sich sicher fühlen.

Der sechsjährige Matthias und sein Vater Arthur liefern hierfür ein gutes Beispiel. Die beiden waren im Park, als Matthias in eine Rangelei mit einem kleinen Jungen verwickelt wurde. Matthias' Vater griff ein, schnappte sich Matthias, gab ihm einen Klaps und fuhr ihn an: „Schlag dich nie mehr mit einem anderen Kind!"

Der Vater des kleinen Jungen kam und beschuldigte Matthias, die Rauferei begonnen zu haben. Er beleidigte Arthur heftig. Arthur wurde wütend und die beiden Männer beschimpften einander. Arthur schubste den anderen Vater, der von einem Bekannten zurückgehalten wurde. Matthias schrie hysterisch und flehte seinen Vater an, sich mit dem Mann nicht zu schlagen. Welch schreckliche Szene! Aber sie zeigt, wie notwendig eine Auszeit für beide Seiten sein kann – für Kinder und Eltern.

Kinder lieben Routine; sie wollen wissen, wie Mutter und Vater in verschiedenen Situationen reagieren – und sich darauf verlassen können.

Wie funktioniert die Auszeit-Methode?

DISZIPLIN IST, WAS WIR DARAUS MACHEN

Wenn es in einer Familie klare Richtlinien dafür gibt, welche Sanktionen ein Fehlverhalten nach sich zieht, weiß ein Kind von vornherein, welche Konsequenzen sein Handeln haben wird. Es liegt an Ihnen, bei sich zu Hause eine solche Disziplin einzuführen. Diese sollten Sie dann konsequent befolgen. Wenn ein Kind weiß, dass bestimmte Verhaltensweisen eine Auszeit zur Folge haben, wird es lernen, vor seinem Handeln innezuhalten und die Folgen zu bedenken.

Innehalten und nachdenken

Und das ist es, was Sie Ihrem Kind letztlich beibringen möchten: innehalten und nachdenken (vor seinem Handeln innehalten, d.h. erst mal tief Luft holen und nicht spontan handeln, sondern die Folgen bedenken). Kleine Kinder sind verstandesmäßig oft nicht in der Lage, ihr Handeln aufzuschieben. Besonders Kleinkinder sind sehr impulsiv; sie handeln erst und denken dann. Aber eine konsequente Erziehungsmethode (die Auszeit) schafft die Basis dafür, dass Ihr Kind diese Technik „Innehalten und Nachdenken" erwirbt. Diese Verhaltensweise soll mit der Zeit zur zweiten Natur des Kindes werden. Mit zunehmendem Alter (ungefähr ab fünf Jahren) ist ein Kind dann immer besser in der Lage, negative Verhaltensweisen selbst zu unterbinden.

Mithilfe der Auszeit-Methode und den damit kombinierten Maßnahmen können Sie Ihr Kind liebevoll und verantwortungsbewusst erziehen. Sie wollen Ihrem Kind zweierlei beibringen: zum einen, dass negatives Verhalten unerwünscht ist, zum anderen aber auch, dass es friedliche Formen gibt, mit diesem Verhalten umzugehen – dass also keine körperlichen Strafen notwendig sind.

Es erfordert einige Zeit, bis ein Kind diese Technik erlernt hat.

BÖSE KINDER GIBT ES NICHT

Ein Kind großzuziehen ist eine echte Herausforderung. Leicht fällt das wohl niemandem; durch die Wahl geeigneter Erziehungsmethoden können Sie aber eine gute Beziehung zu Ihrem Kind aufbauen. Die Auszeit-Methode sollte Ihre erste Wahl sein. Für die Auszeit spricht außerdem die Tatsache, dass sie zum Aufbau eines guten Selbstwertgefühls des Kindes beiträgt.

Die vierjährige Lisa hatte die Angewohnheit, ihre Spielgefährtin Daniela zu hauen. Jedes Mal, wenn Lisa Daniela haute, schlug ihr die Mutter auf die Hand und sagte: „Du bist ein böses Mädchen." Als die Erzieherin im Kindergarten jedes Kind ein wenig über sich erzählen ließ, sagte Lisa: „Ich bin ein böses Mädchen." Die Erzieherin war schockiert. Sie versuchte Lisa zu erklären, dass Menschen, und besonders kleine Kinder, nicht böse seien. Manchmal sei zwar das Verhalten eines Kindes verkehrt, besonders wenn es anderen Menschen wehtut, aber deswegen sei es doch kein schlechter Mensch.

Dieses Beispiel verdeutlicht einen ganz wesentlichen Grundsatz in der Erziehung eines Kindes: Es ist von größter Bedeutung, grundsätzlich zwischen dem Verhalten des Kindes und dem Kind selbst zu unterscheiden.

Kinder sind extrem leicht beeinflussbar; sie glauben alles, was wir ihnen sagen. Dies ist Teil ihres unverdorbenen Wesens. Sie glauben ja auch noch an Monster und Feen. Wenn Sie einem Kind immer wieder sagen: „Du bist böse", dann gelangt diese schlimme Botschaft in seine zerbrechliche Psyche. Dann wird es selbst glauben, dass es böse ist. Und dann wird es auch so handeln, weil es ja glaubt, dass man von ihm nur Böses erwartet. Das Selbstwertgefühl eines Kindes kann schweren Schaden nehmen, wenn das

> *Das Wichtigste ist, eine gute Beziehung zum Kind aufzubauen.*

Wie funktioniert die Auszeit-Methode?

Die Auszeit funktioniert, weil es dabei keine eingefahrenen Verhaltensmuster gibt, die Eltern und Kind in einer negativen Interaktion verbinden.

Kind das Gefühl hat, dass es immer alles verkehrt macht. Wenn sich im Kind festgesetzt hat, dass es ein „böses Kind" ist, wird es sich selbst so sehen.

Wir haben viele Möglichkeiten, einem Kind eine Rückmeldung über sein Verhalten zu geben. Darüber will ich in diesem Buch sprechen.

Die Bedeutung der Auszeit-Methode liegt darin, dass diese Technik kleinen Kindern hilft, sich ihr situatives Verhalten bewusst zu machen. So lernen sie mit zunehmendem Alter, die Verantwortung für ihr Handeln zu übernehmen. Bis dahin, so meine ich, sind kleine Kinder in hohem Maße von ihren Eltern abhängig. Wenn die Eltern dem Kind – auch unabsichtlich – ein bestimmtes Verhalten unterstellen, wird das Kind in eben dieser Weise handeln.

Als Tobias' Vater seinen Sohn wegen seines Ungehorsams anbrüllte, drehte sich Tobias um und schrie seinen zweijährigen Bruder wegen irgendeiner Kleinigkeit an. Dieses negative Verhaltensmuster wird Tobias beibehalten, solange er kein positives Modell hat, dem er folgen kann und das klar zwischen ihm und seinem Verhalten trennt.

Die Auszeit-Methode korrigiert das Fehlverhalten sofort. Das Kind weiß, was es falsch gemacht hat, und bekommt die Gelegenheit, über sein Verhalten nachzudenken.

WAS MAN FÜR DIE AUSZEIT-METHODE BRAUCHT

Um die Auszeit-Methode richtig durchzuführen, brauchen Sie ein paar Hilfsmittel. Diese müssen Sie richtig und konsequent einsetzen.

Was man für die Auszeit-Methode braucht

EIN PAAR HILFSMITTEL

Es genügt nicht, die Auszeit-Methode zu kennen. Sie müssen auch willens sein, sie durchzusetzen. Das klingt banal, ist es aber nicht. Man kann ein Dutzend Bücher über die Auszeit-Methode lesen, die entsprechenden Vorbereitungen treffen, die Methode im Kopf durchspielen und dann, wenn sie das erste Mal eingesetzt werden soll, erstarren und in alte, negative Erziehungsmuster zurückfallen. Plötzlich brüllt man wieder und ist völlig frustriert. Die Auszeit-Methode ist nicht kompliziert. Sie erfordert nur Willensstärke, ein wenig Vorbereitung und natürlich eine konsequente Umsetzung.

DER STUHL

Als Johannas Tochter Anne ein Baby war, bekam sie von ihrer Tante Karin einen prächtigen, handbemalten, sehr teuren Stuhl.

Der Stuhl ist eines der wichtigsten Hilfsmittel für die Auszeit-Methode; er ist der Ort, an dem das Kind zur Ruhe findet. Empfehlenswert ist es, immer denselben Stuhl zu verwenden. Während der Auszeit wird er an einen ruhigen, ungestörten Ort der Wohnung gestellt. Danach sollte er an seinen ursprünglichen Platz zurückgebracht werden.

Natürlich kann die Auszeit-Methode auch unterwegs, bei Freunden oder an öffentlichen Plätzen durchgeführt werden (darauf kommen wir später noch zu sprechen). Dabei kann es auch ohne Stuhl gehen. Doch für die Auszeit zu Hause wird der Stuhl der zentrale Bezugspunkt für das Kind.

Während der Auszeit stellen Sie den Stuhl in einen ruhigen Flur oder in eine Ecke.

Der Stuhl

Wenn Sie Ihrem Kind sagen: „Nimm deine Auszeit", muss das Kind wissen, welches sein Auszeit-Stuhl ist und wo die Auszeit durchgeführt wird. Dieser Rahmen schafft Konsequenz. Und Kinder reagieren – wie ich immer wieder betonen werde – positiv auf eine konsequente Erziehung.

Dieses Problem der Uneindeutigkeit stellte sich für Gerhard. Jedes Mal, wenn er seinem Sohn eine Auszeit verordnete, ging der Junge in sein Zimmer und spielte. Gerhard hatte keine Vorstellung, wie man die Auszeit-Methode richtig durchführt. Er glaubte, das Kind solle einfach auf sein Zimmer gehen. Das ist ein häufiger Irrtum. Gerhards Sohn freute sich auf seine Auszeiten in etwa so, wie sich ein erschöpfter Basketballspieler auf diese Pause freut.

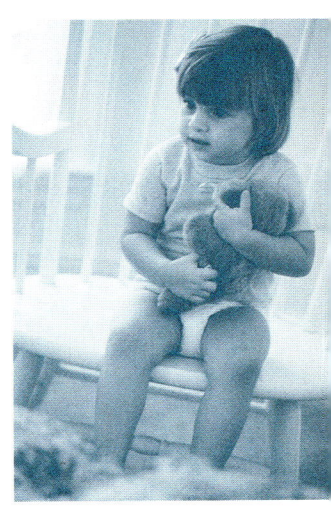

Wie sollte der Auszeit-Stuhl aussehen?

Es sollte sich um einen normalen Stuhl handeln. Er sollte klein und leicht sein, sodass er problemlos getragen werden kann. Auch ein kleines Kind sollte allein hinauf- und herunterklettern können. Wenn das Kind größer wird, können Sie den Stuhl auswechseln.

Machen Sie Ihrem Kind klar, dass der Auszeit-Stuhl der Ort ist, an dem es sich beruhigen und über sein problematisches Verhalten nachdenken kann. Machen Sie kein Aufhebens um den Stuhl. Er sollte ein völlig normales Sitzmöbel bleiben, frei von negativen Assoziationen. Er muss an einem ruhigen Ort stehen, keinesfalls vor einem Fenster, dem Fernseher oder im Zimmer des Kindes. Während einer Auszeit darf der Stuhl vom Kind nicht bewegt werden. Manche Eltern lassen den Stuhl immer an einer bestimmten Stelle stehen. Aber ich denke, dass dies für das Kind einen negativen Bezugsrahmen schafft. Dadurch wird ihm vermittelt, dass es nur eine Frage der Zeit ist, bis es sich wieder schlecht benimmt und der Stuhl auf das Kind wartet.

Keinesfalls sollten die Eltern dem Stuhl ein negatives Image verleihen. Sagen Sie nicht: „Hier musst du hin, wenn du böse bist."

Was man für die Auszeit-Methode braucht

Wenn das Kind nicht auf seinen Stuhl geht

Manche Kinder werden trotzig und weigern sich, auf diesen Stuhl zu gehen. An diesem Punkt verlieren Sie wahrscheinlich die Geduld. Wenn auch Ihr Kind sich zunächst weigert, geraten Sie nicht in Panik. Schimpfen Sie nicht! Ich bin meiner Tochter einmal durch das ganze Haus nachgerannt und habe immer wieder gebrüllt: „Auszeit!", „Geh auf deinen Stuhl!", „Es ist Auszeit!" Sie versteckte sich unter ihrem Bett und weigerte sich hervorzukommen. Erst musste ich mich wieder fangen. Dann konnte ich etwas unternehmen.

Bei einer Verweigerung schnappt man das Kind am besten und setzt es auf den Stuhl. Wenn das Kind herunterspringt, nehmen Sie es wieder und halten es während der Auszeit auf dem Stuhl. Das ist nicht einfach und wird Sie anfangs sehr belasten. Sie werden starke Zweifel haben, ob Ihre Vorgehensweise richtig ist. Doch darauf spekuliert Ihr Kind. Wenn es aber erst einmal erkannt hat, dass Sie es ernst meinen, wird es sich fügen. Geben Sie nicht nach.

Eine klare Begründung

Wenn Sie Ihr Kind auf den Stuhl setzen, müssen Sie ihm ganz klar sagen, warum es eine Auszeit bekommt. Ein kleines Kind hat oft keine Ahnung, was es falsch gemacht hat. Sagen Sie Ihrem Kind z. B.: „Johannes, du nimmst jetzt eine Auszeit, weil du Jordan gehauen hast." Oder: „Sara, du bist wieder nicht ins Bad gegangen, obwohl ich es dir dreimal gesagt habe. Also bekommst du jetzt eine Auszeit."

Formulieren Sie die Begründung für die Auszeit kurz und präzise. Sparen Sie sich lange, ausführliche Erklärungen. Analysieren Sie das Verhalten Ihres Kindes nicht.

Eine Mutter fragte ihren dreijährigen Sohn: „Warum hast du Max geschubst? Was wolltest du denn von ihm? Wir müssen herausfinden, welche Gründe du dafür hattest. Du weißt doch, dass man Probleme nicht durch Schlagen lösen kann." Das Kind, völlig perplex, drehte sich um und stieß Max nochmals um.

Natürlich sollten Sie mit Ihrem Kind auch über seine Verhaltensweisen sprechen. Doch das funktioniert – speziell mit älteren Kindern – am besten während einer Familienkonferenz. Eine Familienkonferenz ist ein regelmäßiges, am besten wöchentliches Gespräch im Familienkreis, bei dem jeder seine Gefühle darlegen kann.

Während einer Auszeit sprechen Sie nicht mit dem Kind. Wenn das Kind selbst während der Auszeit redet, geben Sie ihm keine Antwort. Wenn das Kind älter als vier Jahre ist, verlängern Sie die Auszeit um zwei Minuten, wenn es redet. Wenn es älter als sechs Jahre ist, stellen Sie den Wecker auf die doppelte Minutenzahl seines Alters. Wenn es sechs Jahre alt ist, verlängern Sie die Auszeit um sechs Minuten. Wenn das ein paar Mal geschehen ist, wird das Kind die Sache begriffen haben: Bei der Auszeit darf nicht gesprochen werden.

Ein Fehlverhalten lässt sich am besten durch promptes, konkretes Reagieren korrigieren.

DER WECKER

Susanne hat einen Wecker in Regenwurmform. Maria einen mit Ohren und Schwanz. Dann gibt es Puristen, die ein einfaches weißes Modell haben. Ich selbst habe einen kleinen, knallroten Wecker in Apfelform. Der Wecker ist eines der wichtigsten Hilfsmittel der Auszeit-Methode – egal wie groß er ist und welche Farbe und Form er hat. Wenn kleine Augen dieses Wunderding erspähen, wissen sie, dass es nun ernst wird. Wenn Sie keinen Wecker haben, können Sie Ihre Uhr verwenden. Doch mit einem Wecker funktioniert unsere Methode am besten. Vielleicht ist es das Klingeln am Ende, das das Kind erleichtert aufseufzen und schnurstracks

Was man für die Auszeit-Methode braucht

vom Stuhl klettern lässt. Ich kenne ein Kind, das zählen lernte, als es dem Ticken des Weckers lauschte. Aus welchem Grund auch immer – der Wecker wirkt Wunder. Aber denken Sie daran, dass das Klingeln auch für Sie ein Signal ist: Sie heißen das Kind nun willkommen und geben ihm die Chance, neu anzufangen.

Der Wecker signalisiert Ernsthaftigkeit. Er ist etwas Materielles, auf das sich das Kind beziehen kann. Ihr Kind braucht gar nicht erst zu versuchen, mit Ihnen darüber zu diskutieren, wann die Auszeit beginnt und endet, weil der Wecker diese Frage ganz klar regelt. Die Verwendung des Weckers bietet die Möglichkeit, auf Distanz zum Kind und zu seinem schlechten Benehmen zu bleiben.

Immer wenn ich völlig genervt war und meine Wut an meiner Tochter ausließ, stellte ich den Wecker und nahm selbst eine Auszeit. Dadurch lernte mein Kind, dass auch Erwachsene sich zurückziehen müssen.

Indem Sie die Überwachung der Strafe aus ihrer Verantwortung geben und auf den Wecker übertragen, schwächen Sie den Konflikt ab und helfen Ihrem Kind, zur Ruhe zu kommen.

WIE LANGE DAUERT DIE AUSZEIT?

Wenn Sie Ihr Kind mit dem Prinzip des Weckers vertraut gemacht haben, müssen Sie noch wissen, wie Sie ihn richtig einsetzen. Wenn Sie „Auszeit" sagen, stellen Sie den Wecker: Die Zeitdauer bemisst sich nach dem Alter des Kindes – für jedes Lebensjahr eine Minute Auszeit. Wenn das Kind fünf Jahre alt ist, stellen Sie den Wecker auf fünf Minuten.

Da jedes Kind anders ist, müssen Sie die Zeit auch auf das Temperament des Kindes abstimmen. Billy, ein überaktiver, wilder Fünfjähriger, kann kaum eine Minute stillsitzen, geschweige denn fünf. Fünf Minuten erscheinen Billy wie Stunden – da wird die Auszeit zwangsläufig schief gehen. Das Kind soll eine Auszeit nehmen, damit es sich beruhigen kann und verstehen lernt, dass schlechtes Verhalten Konsequenzen nach sich zieht. Aber in Billys Fall empfehle ich, nur zwei oder drei Minuten Auszeit zu geben. Für ihn ist das genug Zeit, um die Sache zu begreifen, aber nicht so viel, dass er zwangsläufig scheitern muss.

Unabhängig vom Alter des Kindes müssen die Eltern dem Kind verständlich machen, dass der Wecker das Symbol dafür ist, dass die Auszeit beginnt und sie nun zur Ruhe kommen müssen.

Manchen Kindern bereitet es Mühe, ihren Zorn loszulassen. Dann müssen Sie während der ersten Zeit mit ihm reden. Meine Tochter kochte jedes Mal während der Auszeit. Sie beruhigte sich nicht, aber sie blieb sitzen, bis die Zeit verstrichen war. Nach der Auszeit stapfte sie wütend weg. Anfangs wollte ich ihr erneut eine Auszeit auferlegen, aber ich erkannte, dass das nichts an ihrem Temperament ändern würde. Wichtig ist, dass Ihr Kind neu beginnen kann, wenn die Auszeit vorüber ist. Die Eltern sollten danach nicht weiter über die Verfehlung reden, das Kind nicht mehr schelten und ihm keine Wut mehr zeigen. Denn das macht Zweck und Nutzen der Auszeit zunichte.

DER RICHTIGE ORT

Wir haben schon davon gesprochen, dass es nicht gleichgültig ist, wo das Kind seine Auszeit nimmt. Dieser Ort bildet eine Art Referenzpunkt für Ihr Kind. Er signalisiert auch, dass Sie es ernst meinen. Sie können einige einfache allgemein gültige Regeln für die Wahl dieses Ortes befolgen:

- Wählen Sie für die Auszeit nicht das Kinderzimmer, ein Spielzimmer oder einen anderen Ort, an dem es Ablenkungen wie z. B. Spielsachen oder Fernsehen gibt.
- Vermeiden Sie einen Platz am Fenster, denn auch dort bieten sich zu viele Ablenkungen.

Manche kleinen Kinder werden schnell begreifen, um was es geht. Ein Neunjähriger dagegen braucht vielleicht zehn Minuten oder länger, um zu sich zu kommen.

Lassen Sie das Kind spüren, dass es wegen seines Fehlverhaltens nicht selbst böse ist. Zeigen Sie ihm, dass Sie ihm verzeihen. Ihr Kind braucht Ihre Unterstützung.

Was man für die Auszeit-Methode braucht

Die Auszeit-Regeln
für Ihr Kind:
- Nicht vom Stuhl herunterklettern
- Nicht reden
- Nicht aufstehen, bevor der Wecker klingelt
- Nicht treten oder schreien
- Spielsachen, Decken oder anderes sind auf dem Stuhl nicht erlaubt
- Kein Fernsehen während der Auszeit

- An dem Platz sollten keine Dinge stehen, die das Kind betrachten oder berühren kann.
- Stellen Sie den Stuhl vor eine kahle Wand – vielleicht sogar in eine Ecke.
- Ein leerer Flur ist der beste Platz für eine Auszeit.
- Wenn Sie den Flur wählen, stellen Sie sicher, dass niemand durchläuft, z. B. andere Kinder. Denken Sie daran, dass Ihr Kind Langeweile und Unbehagen empfinden soll. Nur dann versucht es in Zukunft, die Auszeit zu vermeiden. Aus diesem Grund kommt dem Ort, an dem die Auszeit erfolgt, eine so große Bedeutung zu.
- Wählen Sie niemals einen Ort wie die Küche oder das Badezimmer; sie sind für ein unbeaufsichtigtes, kleines Kind zu gefährlich.

Die Auszeit-Checkliste für Eltern

- *Sprechen Sie nicht mit Ihrem Kind.*
- *Schauen Sie Ihr Kind auch nicht an.*
- *Sprechen Sie weder mit Ihrem Partner noch mit anderen Personen über das Verhalten des Kindes, solange es in Hörweite ist.*
- *Vermeiden Sie es, durch ein Erheben der Stimme Ihren Ärger zu zeigen.*
- *Bleiben Sie ruhig (nach Möglichkeit).*
- *Beschäftigen Sie sich mit einer anderen Tätigkeit, während Sie Ihr Kind beaufsichtigen.*
- *Wenn Sie die Auszeit verlängern müssen, stellen Sie den Wecker ruhig und schnell vor.*

DIE WICHTIGSTEN GRUNDSÄTZE DER ERZIEHUNG

Folgsame Kinder werden manchmal freiwillig auf ihren Auszeit-Stuhl klettern, ihre Zeit absitzen und dann wieder ihrer Wege gehen. Dann gibt es Kinder, die bei der Auszeit austesten, wie weit sie gehen können, und hysterisch reagieren.

Die wichtigsten Grundsätze der Erziehung

WIE KINDER AUF DIE AUSZEIT REAGIEREN

Alle Kinder überschreiten gelegentlich die gesetzten Grenzen, um zu sehen, wie weit sie gehen können. Die Kinder, die das auch bei der Auszeit tun, sind jedoch besonders hartnäckig. Das gilt besonders, wenn sie gelegentlich Erfolg haben und die Eltern sie gewähren lassen.

VERSCHIEDENE TEMPERAMENTE

Kinder, die ihre Grenzen austesten wollen, widersetzen sich den Eltern, wenn sie sich auf den Stuhl setzen sollen. Und wenn sie endlich sitzen, wird die Auszeit recht turbulent. Dieser Kindertyp hat meist ein schwieriges Temperament und ist nicht kooperativ. Bei diesem Kind kann die Auszeit ein Vorspiel zu weiteren Sanktionen werden.

Dann gibt es Kinder, die einfach nur gegen die Wand treten. Sie sitzen auf ihrem Stuhl und kratzen mit den Füßen die Farbe von den Wänden, bis die Eltern endlich reagieren. Wenn nicht, geht die Wand kaputt. Sie suchen einfach die Aufmerksamkeit der Eltern. Bei diesen Kindern empfehle ich, den Stuhl weit entfernt von Wänden, Möbeln oder Türen zu stellen. Sagen Sie Ihrem Kind, dass es ruhig in die Luft treten darf; aber wenn es an die Wand stößt, wird die Auszeit verdoppelt. Wenn es weitermacht, wird eine Vergünstigung gestrichen.

Hysterische Kinder können völlig ausrasten, wenn man ihnen eine Auszeit auferlegt. Das Drama beginnt, sobald man ihnen sagt, sie sollen zum Auszeit-Stuhl gehen. Manche klammern sich an die Beine der Eltern. Sie weinen, schreien, betteln und geraten völlig außer sich, um die

Grenzen müssen sein

Strafe zu vermeiden. Wenn die Eltern sich dadurch verunsichern lassen und angespannt sind, führt diese Form der Manipulation nicht selten dazu, dass die Eltern nachgeben, insbesondere wenn die Auszeit in einer fremden Umgebung stattfinden soll. Aber die Eltern müssen sich durchsetzen. Zeigen Sie Ihrem Kind, dass Sie nicht nachgeben. Das ist nicht einfach durchzustehen. Doch meistens genügt es schon, wenn Sie ein einziges Mal hart bleiben. Dann begreift Ihr Kind, dass Sie die Situation unter Kontrolle haben.

Die Eltern wollen sich am liebsten in ein Mauseloch verkriechen, wenn das Kind anfängt zu schreien.

GRENZEN MÜSSEN SEIN

Die viel beschworenen Grenzen, die ein Kind braucht, sind tatsächlich der Kern der Erziehung eines Kindes. Das wesentliche Ziel besteht darin, dass unsere Kinder die Grenzen, die wir setzen, respektieren. Und sie müssen wissen, wann sie zu weit gegangen sind. Dabei ist es wichtig, dass diese Grenzen genau definiert und nicht zu eng sind. Denn ein Kind braucht auch Raum zur Entfaltung. Wenn ein Kind gar nichts darf und für jede Kleinigkeit bestraft wird, kann es nicht zu einem selbstständigen, selbstbestimmten Menschen heranwachsen. Überlegen Sie also genau, welche Prinzipien Ihnen wirklich wichtig sind. Und diese setzen Sie dann auch konsequent mithilfe der Auszeit-Methode um. Damit eine Strafe wirksam ist, darf sie nicht allzu oft eingesetzt werden. Das gilt auch für die Auszeit. Kinder spüren sehr bald, wenn sie schon der geringste Fehler auf den Auszeit-Stuhl bringt. Ist dies erst einmal eingetreten, zeigt die Auszeit keine Wirkung mehr. Denn das Kind hat das Gefühl, nie etwas richtig machen zu können, und kontrolliert sein Verhalten gar nicht mehr. Die Eltern sind völlig frustriert und das Kind gerät außer Kontrolle. Viele Eltern haben das Gefühl, dass Nachgeben leichter ist, als Grenzen zu setzen.

Die wichtigsten Grundsätze der Erziehung

Kinder wollen Grenzen, denn sie vermitteln ihnen ein Gefühl der Sicherheit.

Ein Kind entdeckt das schnell und wird die Eltern austricksen. Und wenn die Eltern zu viel erlauben, führt dies zu einem ängstlichen Kind.

Grenzen sind die Gesetze eines Kindes. Genau wie Erwachsene Gesetze befolgen müssen, bestimmen die von den Eltern gesetzten Grenzen für das Kind, was richtig und falsch ist. Die meisten Gesetze dienen dazu, dass die Menschen in Sicherheit leben können und niemandem Schaden zufügen. Den „Kindergesetzen" sollte das gleiche Prinzip zugrunde liegen. Im Alter von ca. drei Jahren verstehen die meisten Kinder, was eine Grenze bedeutet. In diesem Alter empfinden sich Kinder bereits als selbstständige, von den Eltern getrennte Wesen. Sie verstehen allmählich den Sinn von Ja und Nein.

KINDER MÜSSEN LERNEN, PROBLEME ZU LÖSEN

Wir gehen oft davon aus, dass Kinder manche Dinge intuitiv wissen und in der Lage sein sollten, bestimmte Dinge selbst hinzubekommen. Aber kleine Kinder verfügen nur selten über Problemlösungsstrategien. Man muss sie ihnen erst beibringen.

Wenn man einem Kind zeigt, wie ein Problem durchdacht wird, hilft man ihm gleichzeitig, Selbstwertgefühl aufzubauen. Statt dem Kind jeden Wunsch zu erfüllen, sollten Sie es anregen, sich selbst etwas einfallen zu lassen. Auf diese Weise wird auch seine Kreativität geschult.

Nehmen wir z. B. Rena, ein aufgewecktes, siebenjähriges Mädchen. Rena liebt die belegten Brote mit Hühnerfleisch, die ihre Freundin Sandra immer als Pausenbrot mitbekommt. Ihre eigenen Brote mag Rena nicht und warf sie bisher immer weg. Eines Tages beschloss sie, ihre Brote aufzu-

Kinder müssen lernen, Probleme zu lösen

> **Folgende einfache Regeln sollten Eltern befolgen:**
> - Setzen Sie von klein auf Grenzen.
> - Machen Sie ganz klar, was Sie von Ihrem Kind erwarten. Wenn Sie z. B. sagen „Schluss jetzt mit Spielen", sollte Ihr Kind wissen, dass es noch ein wenig Spielraum hat – ein bisschen Zeit, das Spiel zu beenden und aufzuräumen. Sie können den Wecker auf zehn bis 20 Minuten einstellen und ihm sagen: „Wenn der Wecker klingelt, musst du mit dem Aufräumen fertig sein."
> - Ziehen Sie die Auszeit durch. Verzichten Sie aber auf leere Drohungen oder Warnungen. Denn dann wird Ihr Kind bald gar nicht mehr darauf hören, was Sie sagen.
> - Seien Sie konsequent.
> - Verhängen Sie die Auszeit sofort, wenn Ihr Kind Ihrer Anweisung nicht nachkommt.
> - Lassen Sie sich nie auf einen lautstarken Streit ein. Verlassen Sie das Zimmer.

Wenn Sie diese einfachen Regeln befolgen, können Sie sich Ihr Leben sehr vereinfachen. Und auch Ihr Kind wird sich wohler fühlen, wenn es genau weiß, dass die gesetzten Grenzen immer gelten und Regeln eingehalten werden.

heben und sie mit einem Glas Limonade zu verkaufen. Von dem verdienten Geld wollte sie Sandra jeden Tag eine Mark bezahlen, damit sie ihr auch ein Hühnerfleisch-Sandwich mitbrachte. Renas Mutter war zwar dagegen, dass Rena ihre eigenen Brote verkaufte und ihrer Freundin Brote abkaufte, aber sie bewunderte doch Renas Einfallsreichtum und ihre Geschäftstüchtigkeit.

Manchmal scheint die Problemlösung, die ein Kind gefunden hat, in den Augen der Eltern unpassend. Doch dann bietet sich die Chance, mit dem Kind über diese Lösung zu

Diese Form des selbstständigen Problemlösens nutzt Kindern wie Eltern.

Die wichtigsten Grundsätze der Erziehung

sprechen. So lernt das Kind auch, die Tragweite und soziale Akzeptanz seiner Handlungen einzuschätzen. Und dabei erwirbt es seine eigenen inneren Grenzen.

EIN KLAPS SCHADET NICHT?

Die wenigsten Eltern sind heute noch der Meinung, dass eine ordentliche Tracht Prügel ein angemessenes Erziehungsmittel darstellt. Doch den gelegentlichen Klaps halten viele Eltern für durchaus angebracht – das bestätigen viele Umfragen.

Es handelt sich dabei aber um ein heikles Thema, dem man sich nur behutsam nähern kann. Denn dieser „Klaps" ruft bei vielen Eltern starke Emotionen wach, die mit den eigenen Kindheitserfahrungen verbunden sind. Schließlich galt die „Tracht Prügel" lange Zeit als völlig legitimes Erziehungsmittel.

Ihr Kind wird Ihr Verhalten übernehmen.

Doch Sie sollten Ihr Kind nicht schlagen – und ihm auch keinen Klaps geben. Denn wenn Sie das tun, vermitteln Sie die Botschaft, dass Schlagen in Ordnung ist. Und allzu leicht wird aus einer gelegentlichen Rauferei unter Kindern ein dauerhaft gewalttätiges Verhalten.

Natürlich rutscht einem sehr leicht mal die Hand aus, wenn man wütend ist. Auch mir ist das passiert. Als kleines Mädchen rannte meine Tochter einmal quer über eine stark befahrene Straße. Zuerst war ich starr vor Schreck und dann außer mir vor Wut. Ich versohlte ihr den Hintern und dachte dabei immer: „Ich verpasse ihr eine Lektion." Danach ging ich in mein Büro und heulte.

Natürlich war meine Reaktion völlig verkehrt. Meine Tochter war viel zu klein, um zu verstehen, warum sie versohlt wurde. Damals kam ich zur Auszeit als Erziehungsmethode. Ich wusste, es müsste eine effektivere Methode

Ein Klaps schadet nicht?

geben, um einem Kind etwas begreiflich zu machen, ohne es körperlich zu züchtigen und einzuschüchtern.

Es ist zwar einfach, einem Kind eine Tracht Prügel zu verpassen, aber es ist zum Schaden des Kindes. Man sollte immer nach alternativen Erziehungsmethoden suchen, die dem Selbstwertgefühl des Kindes nicht schaden und keinen körperlichen Schmerz verursachen. Kinder wollen uns Freude machen. Wir dürfen sie uns nicht durch Schläge entfremden.

Bei meinen ersten Versuchen mit der Auszeit-Methode habe ich empfohlen, dem Kind einen leichten Klaps auf das Hinterteil zu geben, wenn es vom Stuhl aufsteht. Aber nach meinen eigenen Erfahrungen mit meiner Tochter und nach vielen Gesprächen mit anderen Eltern habe ich erkannt, dass dieser leichte Klaps nur zur Eskalation der Situation beiträgt, das Kind zorniger wird und die Eltern noch angespannter. Und genau das will die Auszeit-Methode nicht! Wir wollen eine verfahrene Situation lösen, nicht verschlimmern.

Wenn Sie Ihrem Kind mit Hilfe der Auszeit-Methode beibringen wollen, dass Hauen eine verkehrte Verhaltensweise ist, wie rechtfertigen Sie dann einen Klaps? Sie können nicht sagen: „Es ist etwas anderes, wenn ich dich schlage." Das ist nichts anderes. Das Schlagen ist ein gewaltsamer Akt und ein Klaps ist auch ein Schlag.

Es gibt durchaus Alternativen zu einem Klaps, wenn Sie zusätzliche Maßnahmen brauchen. Bei kleinen Kindern sind vor allem ein Punkte-Belohnungssystem sowie das Streichen von Vergünstigungen sehr wirksam. Wenn ich meiner neunjährigen Tochter sage, dass sie nicht zur Geburtstagsparty ihrer Freundin darf, wenn sie ihre Hausaufgaben nicht macht, sitzt sie sehr schnell an ihrem Schreibtisch.

Wenn Ihnen doch einmal im Affekt die Hand ausrutscht, entschuldigen Sie sich bei Ihrem Kind. Sagen Sie ihm, dass das falsch war und dass Schlagen nie in Ordnung ist.

Die wichtigsten Grundsätze der Erziehung

BIS ZEHN ZÄHLEN

Es zeugt von einer besseren Erziehungshaltung, wenn man Kindern die Chance gibt, ihr Verhalten zu korrigieren, als sie ohne Vorwarnung niederzubrüllen. Manchen Kindern, insbesondere wenn sie ein schwieriges Temperament haben, fällt es schwer, zu hören und/oder sofort das zu tun, was die Eltern sagen. Sie reagieren erst einmal gar nicht. Wenden Sie in diesem Fall eine ganz einfache Methode an: bis zehn zählen. Dies ist eine Art Vorspiel für die Auszeit. Dieser Zeitrahmen gibt dem Kind den Spielraum, das gewünschte Verhalten „auf die Reihe zu bringen". Es weiß, dass Sie es bei zehn ernst meinen – dann beginnt die Auszeit, wenn es der Anweisung nicht nachgekommen ist.

Nehmen wir folgendes Beispiel: Sie wollen, dass Ihr Kind den Fernseher ausschaltet und sich zum Schlafengehen fertig macht. Sie bitten es, stoßen aber auf taube Ohren.

Beachten Sie beim Zählen folgende Regeln:

- *Drohen Sie nicht an, das Zählen einzusetzen. Tun Sie es einfach!*
- *Fordern Sie das Kind vor dem Zählen höchstens zweimal auf, Ihrer Anweisung zu folgen.*
- *Kein elterliches Gejammer: „Warum kannst du auch nie hören?"*
- *Wenn das Kind bei zehn nicht gefolgt hat, wird sofort eine Auszeit verhängt.*
- *Zählen Sie nicht zweimal auf zehn. Sagen Sie nicht: „Ich gebe dir noch mal zehn Sekunden." Zehn heißt zehn.*

Konsequenz

Sie sagen es noch einmal, aber Ihr Kind reagiert nicht. Schließlich brüllen Sie. Das Kind wird wütend, Sie werden wütend – und erreicht wurde nichts.

Es ist viel einfacher, wenn Sie sagen: „Wenn ich bis zehn gezählt habe, hast du den Fernseher ausgeschaltet und bist auf dem Weg ins Bad." Dann beginnen Sie ohne weitere Diskussion zu zählen. Ein Kind wartet natürlich bis zur Zahl acht, aber bei neun ist der Fernseher aus und bei zehn ist das Kind auf dem Weg ins Bad.

Diese Technik ist höchst wirksam. Vielleicht sind es die Struktur und der Aufforderungscharakter des Zählens, die das Kind in Bewegung bringen. Wenn das Kind bei zehn Ihrer Aufforderung nicht nachgekommen ist, verhängen Sie eine Auszeit. Sie können eine Auszeit selbstverständlich auch vor dem Schlafengehen ansetzen, denn ein Kind findet dabei oft innerlich zur Ruhe.

Der Grundsatz, bis zehn zu zählen, bietet Ihnen die Möglichkeit, die Situation unter Kontrolle zu halten.

KONSEQUENZ

Konsequenz! Konsequenz! Dieses Wort sollte zum Mantra der Erziehung werden. Viele Eltern mussten mühsam lernen, dass ihr Kind nicht mehr hört, sobald sie nicht mehr konsequent sind. Das Kind denkt: „Letztes Mal musste ich meine Auszeit nicht nehmen, weil ich so geweint habe, vielleicht gibt Mami dieses Mal ja auch wieder nach."

Eltern glauben oft, dass Sie die Auszeit lockerer handhaben könnten, sobald eine bestimmte Verhaltensweise beim Kind korrigiert worden ist. Doch allzu leicht wird dann der gesamte Erfolg zunichte gemacht und das alte Problem taucht wieder auf. Deshalb müssen Sie dauerhaft Ihre Bitten und Forderungen durch konsequentes Handeln untermauern. Andernfalls machen Ihre Worte wenig Eindruck auf Ihr Kind. Konsequenz ist wie eine Grenze.

Die wichtigsten Grundsätze der Erziehung

Setzen Sie die Auszeit jedes Mal ein, wenn Ihr Kind nicht folgt. Lassen Sie sich durch nichts von dieser Maßnahme abbringen. Wenn Sie sich an einem öffentlichen Ort mit fremden Menschen aufhalten, verhängen Sie, wenn nötig, auch eine Auszeit. Durch Ihr konsequentes Reagieren vermitteln Sie Ihrem Kind die Botschaft: „Ich habe die Sache unter Kontrolle. Ich will dir helfen, dich richtig zu benehmen, weil ich dich liebe. Ich werde dir jetzt eine Auszeit geben." Wenn das Kind weiß, dass Sie es ernst meinen, wird es seltener ungehorsam sein.

Das Auszeit-Rezept beinhaltet drei wichtige Dinge: Grenzen, bis zehn zählen und Konsequenz. Indem Sie diese drei Grundsätze mit der Auszeit kombinieren, schaffen Sie sich Ihr Handwerkszeug für die Erziehung. Sie sind in der Lage, auf unangemessenes Verhalten Ihres Kindes prompt und berechenbar zu reagieren.

Ihre eigene Konsequenz wird allmählich zu einem ausgeglichenen, konsequenten Verhalten bei Ihrem Kind führen.

Die Auszeit-Checkliste

- *Sprechen Sie nicht mit dem Kind, solange es eine Auszeit nimmt.*
- *Schimpfen Sie nicht.*
- *Verzichten Sie auf leere Drohungen. Wenn Sie ankündigen, dass das Kind eine Auszeit bekommt, dann führen Sie das auch aus.*
- *Stellen Sie den Stuhl vor eine kahle Wand oder in einen Flur.*
- *Stellen Sie sicher, dass es dort keine Ablenkungen gibt – kein Fernsehen, keine anderen spielenden Kinder, Spielsachen oder ein Fenster zum Hinausschauen usw.*

POSITIVE VERSTÄRKUNG WIRKT WUNDER!

Wir müssen genau überlegen, welche Botschaften wir unseren Kindern vermitteln wollen – was wir sie lehren wollen. Ein Kind orientiert sich an dem, was die Eltern tun und sagen. Und darauf reagiert es.

Positive Verstärkung wirkt Wunder!

UNTERSCHEIDEN SIE ZWISCHEN DEM KIND UND SEINEM VERHALTEN

„Du bist böse. Ich kann dich nicht ertragen!" An diesen Satz, den ihre Mutter einmal, ein einziges Mal, zu ihr gesagt hat, erinnert sich meine Freundin heute noch. Er hinterließ bei ihr einen bleibenden Eindruck. Sie sagte: „Ich war danach nie mehr dieselbe wie vorher. Ich fragte mich immer, ob sie das ernst gemeint hatte."

DAS KIND IST NICHT BÖSE

Es gibt kaum Eltern, die immer geduldig sind und immer alles ganz locker nehmen. Manchmal treiben uns unsere Kinder zum Wahnsinn. Sie können unglaublich sensible Punkte bei uns treffen. Manchmal schnauzt man ein Kind auch nur an, weil man schlechte Laune hat. Oft gehen Kinder auch zu weit. Entscheidend dabei ist aber immer, dass man dem Kind nie sagt, dass es böse ist oder dass man es nicht liebt. Trennen Sie immer das Verhalten Ihres Kindes vom Kind selber. Kinder müssen verstehen, dass ihr Verhalten manchmal nicht in Ordnung ist – aber nicht sie selbst. Machen Sie diesen Unterschied deutlich. Hier finden Sie einige Antworten auf das Fehlverhalten eines Kindes:

- „So kannst du dich nicht benehmen."
- „Du hast dich unmöglich aufgeführt."
- „Es ist nicht in Ordnung, dass du jemanden geschlagen hast."

Das Kind ist nicht böse

Negative Äußerungen wie „Ich hab dich nicht mehr lieb", „Du bist ein böser Junge" und „Du bist abscheulich" können das zerbrechliche Selbstbild eines Kindes schädigen. Das Kind beginnt zu glauben, dass es nicht liebenswert ist. Dann wird es entsprechend handeln und wird bockig. Das Kind denkt: „Wenn meine Eltern glauben, dass ich nicht lieb bin, dann muss ich mich auch so aufführen. Warum soll ich also lieb sein und gehorchen? Egal was ich tue, es spielt doch keine Rolle." Diese Vorgänge laufen natürlich unterbewusst ab. Doch sie treffen zu, denn Kinder nehmen das, was wir sagen, wörtlich. Sie glauben, was wir ihnen sagen.

Jana war wütend auf ihre Freundin. Sie hatten am Telefon eine hitzige Auseinandersetzung. Ihr fünfjähriger Sohn Josh saß im Nebenzimmer. Am nächsten Tag spielte Josh mit seinem Freund. Josh wollte ein Spielzeug zurückhaben, aber sein Freund gab es ihm nicht. Josh tobte: „Gib mir das verdammte Spielzeug zurück." Jana kam mit offenem Mund aus dem anderen Zimmer geeilt. „Josh, du fluchst. Wo hast du solche Ausdrücke gehört?"

„Das habe ich bei dir gehört, Mami." Und das stimmte. Nicht jedes Kind nimmt alles auf, was die Eltern sagen, und verwendet es bei der nächstbesten Gelegenheit; aber sehr aufgeweckte Kinder werden bald zum Besten geben, was sie aufgeschnappt haben, und das meist im passenden Zusammenhang. Und dafür kann man sie letztlich nicht strafen.

Es liegt an den Eltern, mit ihrem Kind darüber zu sprechen, welche Reaktionen auf eine bestimmte Situation angebracht bzw. unpassend sind. Eine Auszeit wird dann verhängt, wenn ein Kind eindeutig alt genug ist, um den Unterschied zwischen richtig und falsch zu kennen. Aber bevor Sie auf ihr Kind schimpfen, überlegen Sie erst einmal, ob seine Antwort oder Reaktion tatsächlich von ihm selbst

Kinder haben oft keine Ahnung davon, was sie sagen. Finden Sie zuerst heraus, woher das Verhalten Ihres Kindes stammt, und handeln Sie dann entsprechend.

Positive Verstärkung wirkt Wunder!

stammt oder ob es sie irgendwo übernommen hat. Machen Sie es nicht verantwortlich für Dinge, die es anderswo aufgeschnappt hat. Sprechen Sie mit ihm darüber, dass bestimmte Ausdrücke in Ihrer Familie nicht akzeptabel sind.

DIE GEFÜHLE DES KINDES AUFNEHMEN UND WIDERSPIEGELN

Man muss einem Kind beibringen, wie es seine Gefühle adäquat ausdrücken kann. Dazu sollte man sich zuerst in das Kind hineinversetzen, seine Gefühle nachempfinden und sie gleichsam widerspiegeln. Dadurch wird auch eine Konfrontation vermieden. Durch das Aufnehmen der kindlichen Gefühle können Sie die Wut des Kindes widerspiegeln und sie durch Ihr Verständnis auflösen. Sie lassen sich nicht auf ein Streitgespräch sein, sondern gehen konstruktiv an die Situation heran.

Der siebenjährige Emil war wütend auf seinen Sportlehrer: Emil wollte in die Fußballmannschaft. Sein Freund wurde aufgenommen, Emil aber nicht. Emil war so wütend, dass er den Fußball über den Zaun auf die Straße schleuderte. Deshalb bekam er Ärger und musste zum Schulleiter. Als er nach Hause kam, war seine Mutter bereit, sich in ihn hineinzuversetzen, und sagte: „Du bist bestimmt sehr wütend und enttäuscht, weil du nicht in die Mannschaft gekommen bist. Aber es ist trotzdem nicht in Ordnung, wenn du ausrastest." Die Mutter kann ihm nun andere Möglichkeiten, seinen Zorn abzureagieren, aufzeigen.

Das Sicheinfühlen und Widerspiegeln hilft Ihnen, negative Formulierungen zu vermeiden, die die Gefühle des Kindes missachten würden wie z. B. „Mach dir nichts draus" oder „Reg dich nicht so auf" oder „Mach deswegen doch kein solches Theater". Ihr Kind soll sich aussprechen und

Keine ewigen Diskussionen!

auch seine Wut zum Ausdruck bringen. Nehmen Sie seinen Ärger zur Kenntnis. Wenn Sie das nicht tun, wird das Kind noch frustrierter. Hängen Sie Ihrem Kind einen Punchingball auf; dann hat es eine Möglichkeit, diese Wut abzureagieren. Und bieten Sie ihm immer Ihre Schulter zum Ausheulen.

FAIRNESS – DIE ERWARTUNGEN AN DAS KIND

Es ist wichtig, dass Sie Ihrem Kind gegenüber immer fair und gerecht sind; sie sollten es also nicht willkürlich strafen oder Dinge erwarten, die es aufgrund seines Alters noch gar nicht leisten kann. Sie müssen genau festlegen, welche Vergehen eine Bestrafung nach sich ziehen, und auch überlegen, ob Sie nicht vielleicht zu viel von Ihrem Kind erwarten. Manchmal sind Eltern schon von einem durchaus „normalen", altersgemäßen Verhalten des Kindes total genervt. Dies kann dazu führen, dass die Eltern dem Kind gegenüber zu streng sind.

Wenn Sie mit Ihrem Kind nicht zu oft schimpfen und es strafen, sondern alternative Verhandlungsmethoden benutzen, wird der Einsatz der Auszeit-Methode, wenn angebracht, umso größere Wirkung haben.

Es ist wichtig, dass Eltern immer wieder bereit sind, sich ihre Reaktionsweisen und Stimmungen bewusst zu machen.

KEINE EWIGEN DISKUSSIONEN!

Es gibt Kinder, die fangen bei allem, was die Eltern sagen, an zu diskutieren. Sie lassen nichts unwidersprochen. Auf eine solche Diskussion sollte man sich erst gar nicht einlassen. Ein Kleinkind lenkt man in dieser Situation am besten ab, indem man es in eine andere Aktivität einbindet. Manche Kinder leben geradezu für solche Machtkämpfe; doch wenn

Positive Verstärkung wirkt Wunder!

Sie Ihrem Kind zustimmen oder ihm klare Alternativen anbieten, gibt es nicht viel zu diskutieren.

Nehmen wir zum Beispiel Amy, die mit ihrer Tochter Tara täglich über das Klavierüben diskutierte. Tara weigerte sich zu üben, obwohl sie selbst Unterricht haben wollte. Amy gab den ständigen Kampf auf und bat den Lehrer, einfach nicht zu kommen. Am Unterrichtstag konnte es Tara nicht fassen, dass der Lehrer nicht kam. Sie wartete eine ganze Stunde auf ihn. Amy sagte Tara: „Wenn du nicht üben willst, dann willst du ja auch keinen Unterricht. Also habe ich dem Lehrer gekündigt."

Tara begann zu weinen. Sie beteuerte ihrer Mutter, dass sie Unterricht wolle und in Zukunft auch üben werde.

ALTERNATIVEN ANBIETEN

Eltern können sich zu wahren Diktatoren entwickeln, wenn sie alle Lebensbereiche des Kindes strikt regeln wollen. An einem bestimmten Punkt rebelliert dann das Volk (das Kind) und es kommt zum Krieg. Ein Kind sollte nach Möglichkeit in bestimmten Bereichen, z.B. bei der Kleidung, der Ernährung, den Freunden und den Spielsachen Auswahlmöglichkeiten haben. Die Eltern sind verantwortlich dafür, dass alle Alternativen akzeptabel sind. Die Eltern stellen sicher, dass alle angebotenen Möglichkeiten den Grundbedingungen von Moral und Sicherheit genügen.

Wenn Sie Ihrem Kind Wahlmöglichkeiten bieten, lehren Sie es, allmählich selbst die richtige Wahl zu treffen.

Natürlich bietet nicht jede Situation einen Verhandlungsspielraum und Alternativmöglichkeiten. Wenn Sie der Meinung sind, dass eine Entscheidung allein von Ihnen getroffen werden muss, machen Sie dem Kind klar, dass es hier keine Wahl hat, und beenden Sie die Diskussion.

Indem die Eltern Alternativen anbieten, hat das Kind weniger Grund für Manipulationsversuche und Wutausbrüche.

Keine ungerechten Schuldzuweisungen!

KEINE UNGERECHTEN SCHULDZUWEISUNGEN!

Wenn in Petras Familie irgendetwas schief ging, machte sie sofort ihren aufgeweckten kleinen Sohn Paul dafür verantwortlich. Paul geriet ständig in Schwierigkeiten; Petra war schon darauf programmiert, auf ihn zu schimpfen, sobald etwas los war. Pauls Schwester Mia dagegen war das perfekte Kind. Sie schien nie Schwierigkeiten zu machen und fügte sich den Wünschen ihrer Mutter. Als eine Glasplatte zerbrach, schimpfte Petra sofort auf Paul und schickte ihn ohne Erklärung in die Auszeit. Paul rastete aus und behauptete, keine Schuld zu haben. Aber Petra sah ihn neben der zerbrochenen Platte sitzen und machte ihn dafür verantwortlich. In Wirklichkeit hatte Mia mit der Platte gespielt. Paul stand dabei und beobachtete sie. Die Platte fiel herunter und zerbrach. Mia rannte weg. Paul begann mit den Glasscherben zu spielen; dabei sah ihn seine Mutter. Petra reagierte sofort. Sie beschimpfte automatisch, ohne nachzuforschen, Paul.

In einer heftigen Überreaktion können Eltern ihr Kind auch ohne Grund strafen. Das darf nicht sein.

Gehen Sie jede Situation mit Einfühlungsvermögen an

- *Gehen Sie davon aus, dass Ihr Kind unschuldig ist, bis das Gegenteil bewiesen ist.*
- *Bevorzugen Sie kein Kind.*
- *Manchmal handelt es sich um ein Missgeschick. Geben Sie Ihrem Kind die Chance, zu erzählen, was geschehen ist.*
- *Genauso wie Sie anderen Kindern gegenüber fair und gerecht sein würden, müssen Sie es auch bei Ihrem eigenen Kind sein.*

Positive Verstärkung wirkt Wunder!

GEMEINSAM LACHEN

Eltern vergessen oft, dass man mit seinen Kindern auch lachen und Spaß haben kann. Wir können in einen so negativen Kreislauf der ständigen Bestrafung geraten, dass wir vergessen, das Leben mit unserem Kind auch zu genießen. Wir übersehen vielleicht seine positiven Eigenschaften – Neugierde, Humor und Fröhlichkeit. Außerdem kann man auch mit Humor eine explosive Situation entschärfen. Haben Sie auch immer wieder Spaß mit Ihrem Kind! Seien Sie gemeinsam ausgelassen! Ihr Kind soll erleben, dass Sie es nicht nur rügen und strafen, sondern auch Spaß an ihm haben.

Manchmal kommt es so weit, dass Kinder ihre Eltern schon gar nicht mehr als menschliche Wesen betrachten. Dann werden sie allzu leicht zum Feind. Doch Eltern und Kinder sollten immer Freunde bleiben!

Mein Mann, der meist stur auf die Disziplin achtet, aß mit unserer Tochter in einem Hamburger-Restaurant. Sie begann zu weinen und wurde quengelig. Statt sie anzufahren oder ihr mit Auszeit zu drohen, warf er einige Pommes frites nach ihr. Sie war verblüfft und begann zu kichern. Sie warf eines zurück. Dies ging einige Minuten weiter, bis beide sich beruhigt hatten. Meine Tochter war total begeistert, ihren Vater auf so neue Weise zu erleben. Das war die ketchupverschmierten T-Shirts wert. Ganz plötzlich erschien er ihr viel menschlicher: Er hatte Sinn für Humor. Ich glaube wirklich, dass dieses Ereignis ihre Beziehung dauerhaft positiv veränderte. Sie war weniger widerspenstig, er war weniger stur. Sie fanden in ihrer Vater-Tochter-Beziehung zu einer positiveren Kommunikation.

Ein Kind kann völlig in die Defensive gehen und glauben, dass Eltern nur negative Kommunikation bedeuten. Doch wenn Sie mit Ihrem Kind auch angenehme, lustige

Zeiten erleben, wird es Sie anders sehen. Das bedeutet nicht, dass Sie Ihre Regeln aufgeben müssen. Gehen Sie eine Situation einfach weniger verbissen und humorvoller an. Das schafft eine positivere und liebevollere Interaktion zwischen Ihnen und Ihrem Kind.

LOBEN – IM RICHTIGEN MASS

Zweifellos haben Sie schon davon gehört, wie wichtig Ermutigung und positive Verstärkung für ein Kind sind. Auch ich bin dieser Meinung. Allerdings müssen wir klar unterscheiden zwischen positiver Verstärkung und übermäßigem Lob. Es ist wichtig, ein Kind für positives Verhalten zu loben. Schließlich wollen Sie, dass Ihr Kind ein gesundes Selbstwertgefühl entwickelt. Das sollte Ihr oberstes Erziehungsziel sein. Doch Selbstwertgefühl hängt nicht davon ab, wie viele Spielsachen oder materielle Besitztümer ein Kind hat, sondern davon, welches Selbstbild es hat. Positive Verstärkung trägt dazu bei, dass ein Kind sich als wertvoll empfindet, weil man ihm die Botschaft vermittelt: „Du bist toll. Was du sagst und tust, ist wichtig. Du zählst für uns!" Im Lauf der Zeit verinnerlicht das Kind dieses Lob und sagt sich selbst: „Ich bin in Ordnung. Ich komme gut klar."

Manche Eltern loben ständig alles, was ihr Kind tut. Doch dabei geht der Sinn des Lobens verloren.

Wenn ein Kind sich selbst positiv sieht, kann man es leichter dazu bewegen, Regeln zu befolgen und gewünschte Verhaltensweisen zu übernehmen, wie z. B. sein Bett machen, die Hausaufgaben erledigen und die Zähne putzen. Wenn sich ein Kind selbst als „gut" betrachtet, will es auch gefallen, um mehr Lob zu bekommen.

Loben Sie Ihr Kind für jeden Erfolg. Aber verfallen Sie nicht ins Extrem und loben Sie Ihr Kind nicht ständig. Übermäßiges Lob kann bei einem Kind unrealistische Erwartungen wecken. Wenn wir ein Kind ständig für alles lo-

Positive Verstärkung wirkt Wunder!

Mit zunehmendem Alter muss ein Kind bestimmte Dinge selbstständig erledigen, ohne dafür gelobt zu werden.

ben, was es tut – vom Aufstehen über das Gemüseessen bis zum Ins-Bett-Gehen – wird es auch alltägliche Aufgaben nicht als selbstverständlich erledigen. Es will für alles gelobt werden. Und das kann nicht gut gehen.

ZU WENIG LOB

Übermäßiges Lob ist dem Kind eher abträglich – aber natürlich auch zu wenig Lob und Ermutigung. Wird ein Kind zu selten gelobt oder nur ausgeschimpft, nimmt sein zerbrechliches Selbst mit Sicherheit Schaden. Eltern sollten nach dem weisen Grundsatz handeln: „Wenn du nichts Gutes sagen kannst, sag lieber gar nichts."

Die Worte der Eltern machen einen starken Eindruck auf ein Kind. Wenn Sie Ihr Kind ständig schlecht machen und nur auf das Negative in seinem Verhalten achten, wird es entsprechend Ihren Erwartungen handeln. Oder es wird ängstlich und verunsichert. Das Kind beginnt, sich selbst negativ zu sehen. Es ist aber ganz wichtig, dass ein Kind sich selbst als leistungsfähig, vertrauenswürdig und liebenswert betrachtet. Ihr oberstes Ziel sollte darin bestehen, Ihrem Kind zu helfen, ein starkes Selbstwertgefühl aufzubauen und sich selbst positiv zu sehen. Ein Kind muss Fehler machen, aus denen es lernen kann und an denen es wachsen kann. Es muss lernen, sein Verhalten selbst zu korrigieren.

Ein ungeduldiger Vater ließ seinen Sohn niemals selbst seine Milch eingießen. Selbst als der Junge sieben Jahre alt war, goss ihm immer noch der Vater die Milch in seine Tasse. Wenn der Junge es selbst machen wollte, sagte der Vater. „Ich mache das. Du verschüttest alles." Der Junge hatte überhaupt kein Gefühl der Selbstständigkeit. Und da der Vater seinen Sohn überhaupt nichts selbst machen ließ, fühlte sich der Junge völlig entmutigt.

Das Punktesystem

Und was, wenn er die Milch tatsächlich verschütten würde? Wäre das so schlimm? Wir müssen zulassen, dass unsere Kinder Fehler machen. Auf diese Weise lernen sie. Natürlich lassen wir sie nichts Gefährliches tun.

Selbstständigkeit fördern

Fördern Sie Selbstständigkeit. Loben Sie das Kind, wenn es eine Aufgabe ausführt oder es zumindest versucht. Eine altersgerechte Aufgabe für ein dreijähriges Kind besteht z. B. darin, „danke" zu sagen oder friedlich mit einem Freund zu spielen. Für ein siebenjähriges Kind kann die Aufgabe darin bestehen, die Hausaufgaben gewissenhaft zu erledigen, mit einem Geschwisterkind etwas zu teilen oder sich Freunden und Verwandten gegenüber höflich zu benehmen.

Wir müssen unser Kind für eine Aufgabe, die es jeden Tag selbstverständlich erfüllen muss, nicht ständig loben. Loben Sie Ihr Kind, um positives Verhalten zu verstärken, aber loben Sie Ihr Kind nicht übermäßig für jede Kleinigkeit, die es tut. Und schimpfen Sie nicht, wenn es bei einer neuen Aufgabe nicht sofort erfolgreich ist.

Geben Sie Ihrem Kind Aufgaben, die es in seinem Alter ausführen kann. Lassen Sie es Neues unter Ihrer Aufsicht ausprobieren.

DAS PUNKTESYSTEM ZUR BELOHNUNG POSITIVEN VERHALTENS

Ein Punktesystem zur Belohnung Ihres Kindes für positives Verhalten ist eine ideale Ergänzung der Auszeit-Methode. Eine einfache Tabelle hilft, selbst das unkooperativste Kind zur Zusammenarbeit zu bewegen. Wichtig ist es, bei der Belohnung auf materielle Werte zu verzichten und stattdessen z. B. durch eine zusätzliche Spielzeit, eine gemeinsame Unternehmung usw. zu belohnen. Im Lauf der Zeit wird das Kind die Tabelle nicht mehr benötigen, weil es das erwünschte Verhalten verinnerlicht – instinktiv. Dazu wird es

Positive Verstärkung wirkt Wunder!

Auch Kinder mit einem schwierigen Temperament sprechen auf ein Punktesystem gut an.

die Tabelle motivieren. Sobald das Kind für positives Verhalten kontinuierlich eine positive Verstärkung erlebt, wird diese Verstärkung selbst zur Belohnung. Das Punktesystem schafft eine klare Struktur; dies wirkt sich speziell bei schwierigen Kindern sehr positiv aus – das wurde von Kinderpsychologen nachgewiesen. Aber natürlich profitieren auch alle anderen Kinder von einer klar strukturierten Disziplin, die gutes Verhalten belohnt. Auf diese Weise lässt sich durch die Belohnung positiven Verhaltens das Selbstwertgefühl des Kindes stärken.

Zeichnen Sie die Fortschritte Ihres Kindes auf

Dieses Belohnungssystem wird in Form einer Tabelle geführt. Notieren Sie in dieser Tabelle die Verhaltensweisen, die bei Ihrem Kind verbessert werden sollen. Achten Sie aber darauf, dass Ihr Kind das erwünschte Verhalten in seinem Alter auch erbringen kann. So sollten Sie z. B. in die Tabelle eines Dreijährigen nicht eintragen: „das Bett machen". Aber Sie können bei einem Dreijährigen ein anderes positives Verhalten fördern, z. B. dass das Kind nicht einfach das Spielzeug seiner Schwester wegnimmt. Das wäre seinem Alter angemessen. In diesem Fall können Sie positives Verhalten fördern und eine Verhaltensveränderung herbeiführen, wenn Sie festlegen: „Du bekommst einen Punkt, wenn du das Spielzeug deiner Schwester in Ruhe lässt."

Mit zunehmendem Alter des Kindes erstellen Sie neue Tabellen. Das gilt auch dann, wenn Sie andere Verhaltensweisen fördern oder korrigieren wollen. Durch diese Tabellen geben Sie dem Kind selbst die Verantwortung für sein Verhalten und sind nicht mehr selbst der Buhmann.

Im Verlauf des Tages geben Sie Ihrem Kind jedes Mal einen Punkt, wenn es eine der notierten Verhaltensweisen befolgt. Bei einem kleineren Kind arbeiten Sie mit Sternchen

Das Punktesystem

oder Herzen oder Smileys. Loben Sie Ihr Kind ausgiebig, wenn es Punkte verdient hat.

Bei einem kleineren Kind können Sie die Punkte am Ende des Tages zusammenzählen; dann bekommt es eine Belohnung und ein dickes Lob. Bei einem älteren Kind zählen Sie die Punkte am Ende der Woche zusammen und geben ihm dann seine Belohnung, z. B. bei einem Freund übernachten, ein Kinobesuch oder länger aufbleiben.

Denken Sie daran, dass die verdienten Punkte symbolischen Wert haben und Sie keine teuren Spielsachen u. Ä. schenken sollten. Denn das Kind soll nicht sein Verhalten ändern, weil es unbedingt etwas haben will. Es soll vielmehr eine innere Motivation aufbauen. Und das gelingt nur, wenn es aus Freude an Ihrer Anerkennung sein Verhalten ändert, nicht aus materiellem Anreiz.

Wenn Ihr Kind einen schlechten Tag hat, bestrafen Sie es nicht. Fördern Sie gutes Verhalten. Machen Sie ihm klar, dass es sehr wohl „lieb" sein kann. Stecken Sie die Ziele aber nie zu hoch, sodass das Kind gar keine Chance hat, sie zu erreichen. Wenn bis zum Ende der Woche z. B. 14 Punkte erreicht werden können, verweigern Sie dem Kind seine Belohnung nicht, wenn es nur 13 Punkte bekommen hat.

Wenn sich Ihr Kind schlecht benimmt, verhängen Sie eine Auszeit. Ziehen Sie keine Punkte ab. Wenn Sie Punkte abziehen, sind Sie nicht mehr eindeutig: Einerseits belohnen Sie das gute Benehmen, dann aber nehmen Sie die Belohnung zurück. Gutes Verhalten wird belohnt, schlechtes sanktioniert. Trennen Sie also immer positives Verhalten, das mit Punkten belohnt wird, von negativem Verhalten, das zu einer Auszeit führt. Arbeiten Sie so lange mit dem Punktesystem, bis sich das Verhalten Ihres Kindes nachhaltig verändert. Wenn Sie den Eindruck haben, dass sich sein Verhalten nicht verändert, stellen Sie sich folgende Fragen:

Das Kind muss selbst Verantwortung für sein gutes oder schlechtes Verhalten übernehmen. Die Aufgabe der Eltern ist es, das Kind zu motivieren.

Positive Verstärkung wirkt Wunder!

Wenn sich das Verhalten verbessert, bestärken Sie weiterhin gutes Verhalten mit viel Lob.

- Loben Sie das positive Verhalten?
- Haben Sie vergessen, Punkte zu geben?
- Verhängen Sie für schlechtes Benehmen eine Auszeit?
- Sind Sie konsequent?
- Haben Sie mit Ihrem Kind darüber gesprochen, wie die Tabelle funktioniert und welche Belohnungen es gibt?
- Ist die Belohnung dem Verhalten angemessen?

Verwenden Sie folgende Mustertabelle als Vorlage für Ihr Punktesystem.

Punktesystem zur Belohnung positiven Verhaltens

Für ein Vorschulkind

Aufgabe	So	Mo	Di	Mi	Do	Fr	Sa
Zähne putzen							
Beim Bettenmachen helfen							
Spielzeug aufräumen							
Im Haushalt helfen							
Hund füttern							
„Bitte" und „danke" sagen							

Für ein sechs- bis zehnjähriges Kind

Aufgabe	So	Mo	Di	Mi	Do	Fr	Sa
Das Bett machen							
Zähne putzen							
Hausaufgaben erledigen							
Hamsterkäfig sauber machen							
Tisch decken							

RICHTIG KOMMUNIZIEREN

*Kommunikation – verbale wie nonverbale –
ist der Schlüssel zu jeglicher Verhaltensänderung
eines Kindes. Durch positives Vorbildverhalten,
klare Regeln und Übereinstimmung zwischen
den Eltern wird dem Kind genau vermittelt,
was von ihm erwartet wird.*

Richtig kommunizieren

KOMMUNIKATION BESTIMMT DIE WIRKSAMKEIT DER ERZIEHUNG

Zwischen den Eltern muss Einigkeit darüber bestehen, wie sie mit dem Kind umgehen und wie und wann sie es strafen wollen. Wenn der Vater eine Auszeit verhängt, die Mutter aber nur schimpft und die Auszeit nicht mitträgt, ist das Kind verwirrt. Beide Eltern und andere Betreuungspersonen müssen genau festlegen, welches Verhalten zu einer Auszeit führt, welche „Sprache" in Ordnung ist und welche nicht. Wenn es in Ihrer Familie demokratisch zugeht, sorgen Sie dafür, dass jeder eine Stimme erhält. Wenn nicht, machen Sie deutlich, wer das Sagen hat.

Die Familienkonferenz ist ein hervorragendes Forum der Kommunikation, weil sie auf Kooperation basiert und nicht auf Angriff. Setzen Sie sich einmal in der Woche im Familienkreis zusammen und diskutieren Sie Probleme so ehrlich wie möglich, ohne die Gefühle der anderen zu verletzen. Diskutieren Sie mit Ihrem Kind über die geltenden Regeln. Sprechen Sie darüber, welches Benehmen akzeptabel ist und was nicht durchgehen kann.

DIE NONVERBALE KOMMUNIKATION

Die Art und Weise der nonverbalen Kommunikation mit Ihrem Kind ist genauso wichtig wie die verbale. Außerdem

Die Regeln respektieren

können Sie Ihr Kind dadurch auf ganz ungewohnte Weise erreichen. Wenn es auf eine Standpauke wartet, können ihm nonverbale Signale mehr vermitteln, als Sie denken.

Das Tätscheln des Rückens oder ein Streicheln über die Wange sagt dem Kind, dass es geliebt und geachtet wird. Wenn Sie Ihr spielendes Kind auf diese Weise berühren, sagen Sie ihm ohne Worte: „Es gefällt mir, dass du so schön spielst und deine Spielsachen teilst." Ein Applaus nach einem Fußballspiel zeigt Ihrem Kind, dass es toll gespielt hat (auch wenn seine Mannschaft verloren hat).

Eine Umarmung, ein Kuss, ein Lächeln können einem Kind, das gerade Ermutigung braucht, mehr sagen als tausend Worte. Und wenn Sie das Tun Ihres Kindes missbilligen wollen, können Sie auch dies durch folgende Signale nonverbal zum Ausdruck bringen:

- Blickkontakt
- einen ernsten Gesichtsausdruck
- direkte Konfrontation mit dem Kind (indem man sich in seiner Höhe hinsetzt oder kniet)
- erst mit dem Kind sprechen, wenn es aufmerksam ist.

Die nonverbale Kommunikation bietet einen wirksamen Weg, dem Kind die eigenen Gefühle mitzuteilen, ohne die Stimme zu erheben. Sie bietet auch die Möglichkeit, positive und liebevolle Gefühle auszudrücken.

Eine nonverbale Kommunikation kann dem Kind vielfältige Botschaften vermitteln.

DIE REGELN RESPEKTIEREN

Natürlich können Sie von einem Kind einfach fordern, dass es die geltenden Regeln respektieren soll. Doch das funktioniert nicht immer. Besser ist es, wenn Sie respektvolles Verhalten durch Ihr eigenes beispielhaftes Verhalten in Ihrem Kind verwurzeln. In der Familie der siebenjährigen Becky gab es folgende Regel: Gegessen wird nur im Esszimmer. Als

Richtig kommunizieren

Beckys Freundin Lauren zum Spielen kam, nahm Lauren ihren Snack mit ins Kinderzimmer. Becky sagte: „Wir dürfen im Kinderzimmer nicht essen." Aber Lauren sagte: „Deine Mutter isst doch auch in ihrem Zimmer. Warum wir dann nicht?"

Becky war sauer auf ihre Mutter. Sie fragte sie: „Warum darfst du in deinem Zimmer essen, aber ich nicht?" Die Mutter war um eine Antwort verlegen und nahm ihren Kaffee und ihre Kekse schnell mit in die Küche.

Viele Konflikte können vermieden werden, wenn die zu Hause geltenden Regeln klar und eindeutig sind. Wenn Sie sich an die Regeln halten, wird es auch Ihr Kind tun. Ihr Kind soll stolz sein auf sein Zuhause und auf seine Sachen. Wenn für die Erwachsenen andere Regeln gelten als für das Kind, sprechen Sie darüber und machen Sie ganz deutlich, dass die Erwachsenen bei Ihnen zu Hause andere Regeln befolgen als die Kinder. Machen Sie sich auf einige Fragen nach dem „Warum" gefasst. Stellen Sie eine Liste mit den Regeln auf und gehen Sie diese mit dem Kind durch.

Lassen Sie Ihre Kinder an der Festlegung und der Formulierung der Regeln teilhaben.

Wir können unsere Kinder bitten, dass sie ihre Freunde auf die Regeln, die bei uns zu Hause gelten, aufmerksam machen. Sie können ihren Freunden sagen, dass sie eine Auszeit bekommen, wenn sie die Hausordnung brechen. Regen Sie Ihre Kinder an, selbst einige der Regeln aufzustellen.

LOGISCHE FOLGEN

Haben Sie manchmal auch das Gefühl, Sie würden bei Ihrem Kind gegen eine Wand reden? Sie haben schon hundert Mal das Gleiche gefragt oder angeordnet, aber Ihr Kind hört nicht zu? Die vielleicht einzige Möglichkeit, zu manchen Kindern durchzudringen, ist, auf die Wirkung der logischen Folgen zu hoffen.

Klar und deutlich mit dem Kind reden

Die achtjährige Rebecca weigerte sich, zu duschen oder zu baden. Ihre Mutter Annie schimpfte, diskutierte und verhängte eine Auszeit, aber nichts besserte sich. Schließlich beschloss Annie, nicht weiter zu kämpfen. Rebecca würde eben nicht baden. Mal sehen, ob dies Folgen haben würde. Und tatsächlich, ihr Plan ging auf. Nach einiger Zeit fanden Rebeccas Freundinnen, dass Rebecca „muffelte". Beschämt und weinend beschloss Rebecca, nun doch regelmäßig zu baden.

Natürlich fällt es Eltern nicht leicht zuzulassen, dass ihre Kinder beschämt werden oder z. B. Schwierigkeiten mit dem Lehrer bekommen. Doch manche Kinder werden unseren ständigen Aufforderungen erst dann nachkommen, wenn sie die Folgen ihres widerspenstigen Verhaltens selbst tragen müssen. Wenn Ihr Kind tobt und sich weigert, einen Pulli anzuziehen, was ist die logische Folge? Anstatt mit ihm zu streiten, lassen Sie es ohne Pulli gehen. Wenn es kühl ist, wird es frieren. Dann wird es das nächste Mal wahrscheinlich doch einen Pulli anziehen, wenn Sie ihm das empfehlen. Dabei verwende ich bewusst das Wort „empfehlen", denn genau das sollten Sie tun. Wenn Sie anordnen oder befehlen, wird Ihr Kind uneinsichtig und trotzig sein.

Fordern Sie das Kind besser nur einmal auf, fest und bestimmt, und dann lassen Sie es.

KLAR UND DEUTLICH MIT DEM KIND REDEN

Es ist gar nicht leicht, mit einem Kind richtig zu sprechen. Ein wirkungsvolles Gespräch mit einem Kind stellt eine viel größere Herausforderung dar als ein Gespräch unter Erwachsenen. Wir Eltern bevormunden unsere Kinder oft oder sprechen über ihren Kopf hinweg. Doch auch die Kinder blenden uns oft einfach aus, wenn sie glauben, dass wir es nicht ernst mit ihnen meinen. Damit Ihr Kind Ihnen

Richtig kommunizieren

> ### Die Regeln der logischen Folgen
> - *Erlauben Sie Ihrem Kind niemals, mit gefährlichen Gegenständen zu spielen oder etwas Gefährliches auszuprobieren.*
> - *Über bestimmte Regeln, die zu Hause gelten, wird nicht diskutiert.*
> - *Sagen Sie Ihrem Kind nicht „weil ich es dir sage".*
> - *Erlauben Sie ihrem Kind nicht, jemand anderen bei seiner Tätigkeit zu stören, zu behindern oder zu verletzen.*

Wenn Sie mit Ihrem Kind reden, stellen Sie immer Blickkontakt her. Drücken Sie sich klar aus. Verwenden Sie keine Sprache, die Ihr Kind nicht versteht.

zuhört und Sie wirksam kommunizieren können, müssen Sie sich durchsetzen können. Eltern sind oft frustriert über ihre Unfähigkeit, das gewünschte Verhalten bei ihrem Kind zu erzielen; dann geraten sie schnell in einen gereizten Ton ihrem Kind gegenüber.

Oft verstehen Kinder die Feinheiten und Redewendungen der Sprache noch nicht. Auch mit Ironie können Kinder überhaupt nicht umgehen. Deshalb müssen wir uns auf ihrem sprachlichen Niveau ausdrücken. Wir können nicht erwarten, dass sie unser Sprachniveau verstehen. Ich habe oft gehört, wie Eltern ein Kind anfahren: „Was ist bloß los mit dir? Hörst du nicht, was ich sage?" Vielleicht versteht das Kind wirklich nicht, was die Eltern sagen.

WENN „NEIN" JA BEDEUTET

Der fünfjährige Andreas wollte einen Berliner. Seine Mutter Judith sagte: „Nein, es gibt bald Mittagessen."
Andreas begann zu weinen: „Aber ich habe Hunger!"
Judith sagte: „Nein."

Wenn „Nein" Ja bedeutet

Andreas bettelte: „Bekomme ich wenigstens einen halben?"
Judith antwortete: „Nein. Hast du mich nicht verstanden?"
Andreas quengelte weiter: „Bitte, Mami. Ich liebe Berliner. Bitte!"
Judith antwortete: „Andreas, ich habe nein gesagt. Warum hörst du nicht, was ich dir sage."
„Bitte, bitte, bitte", jammerte Andreas. „Ich habe solchen Hunger."
Judith: „Also gut, aber nur einen halben. Hörst du?"
Judith sagte nein, aber Andreas bekam seinen Berliner. Die Mutter tat etwas anderes, als sie sagte und meinte. Andreas weiß, dass er manchmal seinen Willen durchsetzen kann, wenn er verhandelt, weint und quengelt.

Wir müssen so sprechen, dass unser Kind uns verstehen kann.

Wenn ein „Nein" nicht von klein auf immer konsequent durchgehalten wird, probiert das Kind immer wieder, die Eltern umzustimmen. Wenn das Kind seinen Willen wieder einmal durchgesetzt hat, sind die Eltern wütend. Sie sind auf sich selbst wütend, weil sie dem Kind nachgegeben haben, und lassen diesen Ärger am Kind aus. Als Andreas beim Mittagessen keinen Hunger hatte, war Judith wütend. Sie fauchte ihn an: „Siehst du jetzt, was passiert, wenn du vor dem Essen Süßigkeiten isst?"

Man muss lernen, mit einem Kind richtig und wirkungsvoll zu reden. Das ist nicht einfach. Besonders wichtig ist es, leere Drohungen zu vermeiden. Die folgenden Grundsätze helfen Ihnen, eine effektivere Kommunikation zu Ihrem Kind aufzubauen. Sie geben Ihnen eine Vorstellung davon, was Sie nicht tun sollten:

- Das Androhen einer Auszeit wird ein Kind nicht dazu bewegen, Ihnen zu gehorchen. Richtig ist vielmehr, die Auszeit unverzüglich vorzunehmen.
- Fragen Sie ein kleines Kind nicht, warum es sein Essen hinunterwirft oder nicht zuhört. Die Wahrscheinlich-

Richtig kommunizieren

Viele Auszeiten können vermieden werden, wenn die Eltern klar sagen, was sie meinen, und dann auch dabei bleiben.

keit ist sehr groß, dass Sie eine dumme oder gar keine Antwort bekommen.

- „Ich bitte dich." – „Ich flehe dich an." Zeigen Sie nie eine solche Schwäche. Versuchen Sie nicht, Ihr Kind zu beschwören, Ihnen zu folgen.
- Ignorieren Sie das Problem nicht, gehen Sie es direkt an.
- „Große" Drohungen, wie z. B. das Ferienlager zu verbieten oder der Versuch, das Kind durch Einschüchterung zu folgsamem Verhalten zu bewegen, funktionieren nicht. Ein Kind lernt, solche Drohungen zu missachten.
- Sie wollen Ihr Kind aber lehren, Selbstbeherrschung zu erwerben. Wenn ein Erwachsener einen Wutausbruch bekommt, bietet er ein falsches Rollenmodell.

Wenn Sie schlagen oder toben, wird Ihr Kind dieses Verhalten übernehmen.

So reden Sie richtig mit Ihrem Kind

- *Drücken Sie einfach und präzise aus, was Sie wollen und meinen.*
- *Verwenden Sie keine Äußerungen wie „vielleicht", „wir werden sehen", „mag sein", „ich weiß noch nicht".*
- *Achten Sie darauf, dass Blickkontakt besteht.*
- *Denken Sie über das Fehlverhalten nach, bevor Sie die Strafe verhängen.*
- *Hören Sie zu. Manchmal müssen Sie bei einem Vorfall auch die Position des Kindes anhören.*
- *Wenn Sie Ihr Kind bitten oder fragen, statt ihm eine klare Anweisung zu geben, müssen Sie mit Schwierigkeiten rechnen.*

BESONDERE SITUATIONEN

Besondere Situationen erfordern besonderes Handeln. Wenn Sie merken, dass sich Ihr Kind anders verhält als sonst, gehen Sie der Sache nach. Stellen Sie Ihr Verhalten dem Kind gegenüber darauf ein.

Besondere Situationen

VERÄNDERTES VERHALTEN HAT IMMER EINEN GRUND

Manchmal haben Sie bestimmt das Gefühl, dass mit Ihrem Kind etwas nicht stimmt. In diesem Fall sollten Sie darauf achten, ob es Veränderungen im Leben des Kindes gegeben hat.

WENN DAS KIND UNTER STRESS STEHT

Denken Sie daran, welche Auswirkungen Stress auf uns Erwachsene haben kann: Magenbeschwerden, Schlaflosigkeit, Anspannung, Kopfschmerzen. Auch Kinder können in unterschiedlicher Weise auf Stress reagieren. Sie können sich abreagieren, Dinge herunterwerfen, sich weigern, ins Bett zu gehen, oder beim Essen Probleme machen. Bevor Sie Ihr Kind auf den Auszeit-Stuhl setzen, stellen Sie sich selbst einige Fragen:

- Gibt es in unserem Familienleben irgendwelche Veränderungen?
- Ist ein Baby geboren worden?
- Ist ein Familienmitglied krank?
- Haben Sie mit Ihrem Partner Streit?
- Sind Sie umgezogen?
- Hat Ihr Kind Probleme in der Schule?

Kinder brauchen ein emotionales Ventil. Sie brauchen Raum, ihre Gefühle auszuleben. Machen Sie Ihrem Kind klar, dass Sie wissen, dass sich gerade Veränderungen vollziehen. Nehmen Sie seine Gefühle zur Kenntnis: „Ich weiß, dass dich dieser Umzug aufregt, und ich verstehe deine Gefühle."

Sagen Sie Ihrem Kind nicht, dass es sich nicht so fühlen solle. Auch wenn Sie in ein tolles neues Haus in einer kinderreichen Gegend ziehen, wird ihm das die Angst vor der neuen Umgebung nicht nehmen.

Wenn ein Geschwisterchen kommt

Probleme gibt es meist, wenn ein Geschwisterchen geboren wird. Denken Sie daran, dass Ihr Kind bisher im Mittelpunkt der Aufmerksamkeit stand; und nun haben Sie die Unverfrorenheit und bringen ein neues Baby nach Hause, das sehr viel Aufmerksamkeit auf sich zieht. Schenken Sie Ihrem großen Kind zusätzliche Aufmerksamkeit, wenn ein Baby kommt. Beim größeren Kind kann es in dieser Situation sogar zu einer so genannten Regression kommen, d.h., es will auch wieder ein Baby sein. Das Kleinkind will wieder gestillt werden oder ein Fläschchen bekommen und öfter mit Mutter oder Vater schmusen. Geben Sie diesen Wünschen eine Zeit lang nach. Dann betonen Sie, wie wichtig ein großer Bruder oder eine große Schwester für das neue Baby ist, und lehren Ihr Kind, das Baby allmählich zu lieben.

DIE GEFÜHLE DER ELTERN

Wenn Ihr Kind Kummer hat, leiden die Eltern mit. Das ist sehr schmerzlich. Als Marias Tochter Jill bei einer Party von den anderen Mädchen ausgeschlossen wurde, war Maria wütend. Sie fühlte sich verletzt wie ihre Tochter selbst. Maria lebte ihre eigene Wut aus. Doch das machte Jill nur noch verstörter. Nun musste sich Jill nicht nur mit ihren eigenen, sondern auch noch mit den Gefühlen ihrer Mutter auseinander setzen. Jill hätte vielmehr jemanden gebraucht, der

Versuchen Sie Ihr Kind behutsam in eine neue Situation hineinzuführen.

Besondere Situationen

Besonders kleine Kinder sind völlig überfordert, wenn sie starke Gefühlsreaktionen der Eltern miterleben müssen.

ihre Gefühle zwar nachvollziehen konnte, sie aber stärkte und ihr Kraft gab. Kinder brauchen Eltern, die zuhören und für sie da sind. Sie brauchen Eltern, die ihre Gefühle nachempfinden können, sie aber nicht ausleben.

Im Folgenden finden Sie Beispiele dafür, wie Sie sich in verschiedenen Situationen äußern können.

Ungeeignete Antworten der Kinder
Ich hasse Katrin, weil sie mich nicht eingeladen hat.
Ich will nie mehr mit ihr spielen.
Ich werde sie nie mehr zu einer Party einladen.

Geeignete Antworten der Eltern
Du bist bestimmt sehr wütend auf Katrin, weil sie dich nicht zu ihrem Fest eingeladen hat.
Du solltest an eure Freundschaft denken und sehen, wie wichtig sie für dich ist.
Warte ab, bis du dich beruhigt hast, und überlege dir dann, wen du einladen willst.

Ermutigen Sie Ihr Kind, seine Gefühle auszusprechen, nicht nur bei Ihnen, sondern auch bei dem Kind, auf das es ärgerlich ist. Sie stärken Ihr Kind, wenn Sie ihm beibringen, wie man auf verbindliche Weise mit Menschen spricht. Aber Sie müssen ihm ein Modell für genau dieses Verhalten bieten. Verwickeln Sie Ihr Kind immer in ein Gespräch. Erlauben Sie ihm, frei und offen seine Gefühle auszudrücken. Wenn es Dinge sagt, die Sie missbilligen, sprechen Sie ruhig mit ihm darüber, warum die verwendeten Worte – nicht die Gefühle – nicht akzeptabel sind. Kinder wollen durch ihre Sprache auch oft die Eltern provozieren. Wenn sich das Kind gar nicht beruhigt, erklären Sie ihm, welche Konsequenzen sein Verhalten haben wird.

Doppelter Ärger: Auszeit für zwei Kinder

Stellen Sie viele Fragen und zeigen Sie Interesse am Leben Ihres Kindes. Aber wenn es nicht weiter mit Ihnen sprechen will, nehmen Sie dies nicht persönlich. Wir müssen unseren Kindern ihre Privatsphäre lassen.

> Lassen Sie Ihr Kind wissen, dass Sie jederzeit für ein Gespräch zur Verfügung stehen.

DOPPELTER ÄRGER: AUSZEIT FÜR ZWEI KINDER

Der Gedanke, zwei Kindern eine Auszeit zu geben, versetzt Sie vielleicht in Panik; dabei kann dies durchaus effektiv sein. Wenn zwei Kinder streiten, ist es oft schwierig zu entscheiden, wer Schuld hat.

Johannes schreit: „Susi hat mich gehauen!" Susi faucht zurück: „Er hat angefangen." Johannes bleibt dabei: „Nein, ich nicht." Susi kreischt: „Lügner, Lügner!"

In dieser Situation beziehen Sie entweder eindeutig Position für ein Kind oder Sie brüllen wie verrückt – oder beides. Aus diesem Grund ist es am besten, für beide Kinder eine Auszeit anzusetzen, damit sie sich abreagieren können. Natürlich müssen die Eltern ergründen, was vorgefallen ist, und entscheiden, ob ein Kind eindeutig die Schuld hat. Die Erfahrung zeigt jedoch, dass gewöhnlich zwei zu einem Streit gehören.

Wenn Sie zwei Kindern eine Auszeit geben, müssen Sie natürlich verhindern, dass die beiden in unmittelbarer Nähe sitzen, gemeinsam kichern und Grimassen ziehen. Jedes Kind sollte daher seine Auszeit in einem anderen Zimmer verbringen oder in verschiedenen Ecken mit dem Rücken zueinander. Jedes Kichern, Reden oder Umdrehen führt dazu, dass die Auszeit verlängert wird.

Auch wenn Sie nicht zu Hause sind, können Sie die „Auszeit-Technik" anwenden; dabei werden Sie sich aber wahrscheinlich zwischen die Kinder stellen müssen und sie

Besondere Situationen

nicht aus dem Blick lassen, damit sie keine Dummheiten machen. Natürlich können Sie auch die Auszeit für zwei Kinder, wenn nötig, mit dem Entzug von Privilegien verbinden sowie mit jeder anderen Erziehungsmaßnahme, die sich bei Ihnen bewährt hat. Manchmal muss man ein wenig experimentieren, bis man erkennt, worauf die eigenen Kinder am besten reagieren. Aber die Auszeit ist immer das erste Mittel der Wahl, wenn ein Konflikt schnell entschärft werden soll.

Ein fremdes Kind

Wenn es sich bei dem zweiten Streithahn nicht um ein Geschwisterkind, sondern um ein Besuchskind handelt, sind die Eltern meist unsicher. Können/Dürfen sie diesem Kind auch eine Auszeit geben? Natürlich ist es unangenehm, ein fremdes Kind zu disziplinieren. Doch wenn sich ein Kind bei Ihnen zu Hause völlig danebenbenimmt, kann ein Eingreifen notwendig werden. Natürlich müssen Sie auch mit den Eltern dieses Kindes sprechen.

Es ist oft schwierig, zwei streitende Kinder zu bremsen. Zum einen wollen Sie ein fremdes Kind nicht ausschimpfen. Andererseits ist es nicht fair, wenn Sie nur Ihr Kind zur Rechenschaft ziehen, wenn beide gemeinsam den Streit verursacht haben. Bei Kindergarten-Kindern sagt man am besten: „Auszeit zum Abreagieren." Schicken Sie jedes Kind für kurze Zeit in ein anderes Zimmer. Danach sollen sich beide die Hände geben und neu anfangen.

GESCHWISTERRIVALITÄT

Eine Rivalität unter Geschwistern wird immer bestehen. Es liegt in der Natur von Geschwistern, um die Zeit und die Aufmerksamkeit der Eltern wettzueifern. Auch Streiten, Sichärgern und Raufen können bei Geschwistern ein nor-

Wenn zwei Kinder streiten, muss eine Eskalation verhindert werden, bevor beide außer Kontrolle geraten.

Das Streichen von Vergünstigungen

> ### Einige Richtlinien für die Auszeit
>
> - *Jede körperliche Konfrontation führt zu einer Auszeit.*
> - *Jedes Kind hat seinen eigenen Auszeit-Stuhl und seine Ecke, vom anderen Kind entfernt.*
> - *Sprechen Sie mit jedem Kind getrennt über geschwisterliches Verhalten. Ermutigen Sie beide, ihre Gefühle auszusprechen und zu sagen, was sie stört. Lassen Sie die Kinder Wege finden, diese Probleme zu lösen.*
> - *Seien Sie der Anwalt Ihrer Kinder, nicht ihr Verbündeter.*

males Verhalten darstellen. Allerdings können viele Eltern diese ewige Streiterei nicht tolerieren. Doch wenn wir unseren Kindern bei jedem Geschwisterstreit eine Auszeit geben, sitzen sie bald nur noch auf ihren Stühlen.

Der Grundsatz im Umgang mit Geschwistern lautet Gerechtigkeit. Wenn gerauft wird, ziehen Sie beide Kinder zur Verantwortung. Verzetteln Sie sich nicht, indem Sie herauszufinden versuchen, wer den Streit angefangen hat. Wenn nicht ganz klar ist, wer angefangen hat, bekommen beide Kinder eine Auszeit. Wenn Sie für beide eine Auszeit verhängen, werden beide das nächste Mal zweimal nachdenken, bevor sie sich gehen lassen.

DAS STREICHEN VON VERGÜNSTIGUNGEN

Die Auszeit ist eine wichtige Erziehungsmaßnahme. Ihre Wirksamkeit kann noch gesteigert werden, wenn sie mit anderen Maßnahmen gekoppelt wird. Dies gilt besonders bei

Welche Vergünstigung gestrichen werden soll, hängt vom Alter und von der Reife des Kindes ab.

Besondere Situationen

willensstarken Kindern. Die Ankündigung, Vergünstigungen zu streichen, kann für ein Kind ein großer Anreiz sein, den Eltern zu gehorchen.

Ein Kind verzichtet nicht gerne auf etwas, besonders nicht auf Kontakte. Natürlich fällt es nicht leicht, ein Treffen oder eine Übernachtung bei einem Freund abzusagen – für beide beteiligten Kinder. Doch es liegt in der Verantwortung Ihres Kindes, dem Freund zu erklären, warum es nicht mit ihm spielen darf. Die meisten Eltern werden verstehen, wenn Sie so konsequent sind, und vielleicht sogar Respekt empfinden.

Letztlich sollten Sie sich aber nicht darum kümmern, was andere Eltern von Ihnen denken. Eltern haben unterschiedliche Erziehungsmethoden. Wenn Sie beschlossen haben, eine Vergünstigung zu streichen (z. B. eine Verabredung zum Spielen), sollten Sie sich von anderen Kindern oder Eltern nicht davon abbringen lassen.

Bei einem kleineren Kind kann schon der Entzug eines Spielzeugs oder Fernsehverbot große Wirkung haben. Bei älteren Kindern wirkt vor allem Computerverbot oder das Verbot, mit Freunden zu spielen.

Wichtig ist, dass die Strafe angemessen ist. Überlegen Sie zunächst, wie schwerwiegend das Fehlverhalten war. Wenn das Kind in der Schule eine Schlägerei anfing, werden bestimmte Vergünstigungen für eine Woche gestrichen. Maulen oder Ungehorsam rechtfertigt Fernsehverbot für zwei Tage.

Sie müssen Ihrem Kind gegenüber die Regeln, die in Ihrer Familie gelten, durchsetzen. Sie müssen ihm deutlich machen, welches Verhalten akzeptabel ist und was nicht hingenommen werden kann und bestimmte Konsequenzen nach sich zieht – Auszeit, das Streichen von Vergünstigungen.

Streichen Sie keine Aktivitäten wie z. B. Sport, vor allem nicht, wenn das Kind in einer Mannschaft spielt.

Auszeit außer Haus

Die Auszeit funktioniert am besten bei einer direkten Regelverletzung, die in Ihrem Beisein stattfindet. Als Konsequenz für ein Fehlverhalten in der Schule oder an einem anderen Ort ist das Streichen von Vergünstigungen meist besser geeignet. Eine Auszeit lange nach dem Vorfall hat nicht die gleiche starke Wirkung wie z. B. Fernsehverbot.

AUSZEIT AUSSER HAUS

Viele Kinder glauben nicht daran, dass die Eltern auch außer Haus eine Auszeit verhängen würden. Zögern Sie nicht einmal! Wenn Sie auch außer Haus die Auszeit einsetzen, so sichert Ihre Konsequenz diese Methode. Wenn Sie durchhalten, weiß Ihr Kind, dass es Sie ernst nehmen muss. Dann wird es sich zweimal überlegen, ob es seine Grenzen austesten soll.

Als meine Tochter vier Jahre alt war, gingen wir zur Hochzeit meiner Cousine. Während der Trauung wollte sie herumlaufen und mit den Blumen spielen. Natürlich durfte sie das nicht, aber sie blieb hartnäckig und wurde laut.

Ich nahm sie und ging mit ihr raus. Vor dem kalten Buffet bekam sie eine Auszeit. Sie war schockiert. Sie schrie. Es war ihr peinlich. Doch es wirkte. Ich verpasste zwar einen Teil der Trauung, doch meine Cousine hätte es mir nie verziehen, wenn Alexandra ihr die Hochzeit verdorben hätte.

Die Auszeit ist nicht auf Ihre Wohnung beschränkt. Sie ist eine „transportable" Erziehungsmethode. Sie müssen manchmal nur ein bisschen Fantasie haben. Es muss Ihnen nicht peinlich sein. Im anderen Fall flippt Ihr Kind vielleicht aus und benimmt sich schlecht, weil es weiß, dass Sie es nicht bestrafen. Es ist besser, eine Auszeit zu geben, als das Kind in der Öffentlichkeit zu schimpfen oder gar zu schlagen. Denn das ist demütigend und peinlich für das

Natürlich ist es schwieriger, eine Auszeit außer Haus durchzuführen. Sie haben weder Stuhl noch Wecker dabei. Aber Sie können auch einfach Ihre Uhr verwenden oder zählen.

Besondere Situationen

Kind. Die Auszeit dagegen verschafft dem Kind Distanz zu anderen Menschen und gibt ihm Zeit zum Abkühlen.

Im Folgenden finden Sie einige Ideen, wie Sie die Auszeit an unterschiedlichen Orten handhaben können.

- Wenn Sie beim Autofahren wegen einer Auszeit anhalten müssen, steigen Sie aus und lassen Sie das Kind auf dem Rücksitz eine Auszeit nehmen. Oder es soll auf dem Kotflügel sitzen, während Sie bei ihm stehen bleiben.
- Wenn Sie in einem Kaufhaus sind, gehen Sie in eine Umkleidekabine.
- Statt auf einem Stuhl kann Ihr Kind auf einem Ast sitzen, in einer Umkleidekabine, im Gras. Oder es stellt sich einfach abseits. Sie müssen flexibel sein.
- Wenn Sie in einer Kirche sind, gehen Sie hinaus.
- In einem Restaurant flippt ein Kind besonders gerne aus, insbesondere dann, wenn das Essen kommt. Gehen Sie mit dem Kind hinaus und setzen Sie es entweder ins Auto oder vor das Restaurant an einem ruhigen Ort, wo keine Menschen sind, sodass es ihm nicht peinlich ist.
- Wenn Sie allein sind und mehrere Kinder dabeihaben, fühlen Sie sich wahrscheinlich völlig hilflos, wenn ein Kind eine Auszeit bekommen sollte und Sie die anderen nicht allein lassen können. In dieser Situation besteht die beste Lösung darin, das Kind mit seinem Stuhl umzudrehen, die Auszeit zu halbieren und mit dem Kind so lange nicht zu sprechen, bis die Zeit vorüber ist.

Lassen Sie sich durch die Tatsache, dass Sie an einem öffentlichen Ort sind, nicht von Ihrem Plan abbringen. Denn genau darauf hofft Ihr Kind.

Ich bin der Meinung, eine Auszeit sollte in der Regel sofort stattfinden. Wenn die besondere Situation außer Haus eine Auszeit aber völlig unmöglich macht, können Sie bei

Auszeit außer Haus

Regeln für das Streichen von Vergünstigungen

1. *Drohen Sie nie eine Maßnahme an, die Sie nicht auch bereit sind umzusetzen.*
2. *Stellen Sie sicher, dass die Strafe dem Vergehen angemessen ist. Streichen Sie z.B. nicht das Übernachten bei der Freundin, wenn Ihre Tochter ihren Pullover in der Schule vergessen hat.*
3. *Verfügen Sie altersgemäße Konsequenzen.*
4. *Wenn Sie eine Vergünstigung streichen wollen, geben Sie nicht nach, wenn Ihr Kind bettelt oder quengelt.*
5. *Überlegen Sie genau, welche Konsequenzen der Entzug des Privilegs hat. Wenn Sie die Übernachtung bei der Freundin streichen und mit Ihrem Partner an diesem Abend eigentlich ausgehen wollten, müssen Sie dann auch zu Hause bleiben oder einen Babysitter suchen.*
6. *Kümmern Sie sich nicht darum, was andere Kinder oder Eltern sagen werden, wenn Sie ein Treffen streichen. Erinnern Sie Ihr Kind daran, dass es selbst durch sein Verhalten diese Maßnahme verursacht hat. Es ist dafür verantwortlich.*
7. *Nehmen Sie einem Kleinkind kein „Übergangsobjekt" wie z.B. eine Schmusedecke weg. Dies macht ihm Angst.*

älteren Kindern die Auszeit auch einmal aufschieben, ohne dass sie ihre Wirkung verliert. Wenn Sie z.B. Ihrem Sechsjährigen in der speziellen Situation unmöglich eine Auszeit geben können, sagen Sie: „Du nimmst deine Auszeit, sobald wir heimkommen." Und sobald Sie zu Hause die Tür-

Besondere Situationen

schwelle überschreiten, wird die Auszeit durchgeführt. Dabei sollte die Auszeit aber höchstens um einige wenige Stunden aufgeschoben werden.

Bei kleineren Kindern sollte eine Strafe immer sofort verhängt werden, weil sie sonst nicht mehr wissen, warum sie bestraft werden. Bei einem Kleinkind ist daher eine sofortige Auszeit am besten.

Ältere Kinder jedoch (sechs Jahre und älter) wissen schon genau, was sie falsch gemacht haben, und vergessen dies auch nicht gleich. Wichtig ist aber vor allem, dass wir es nicht vergessen. Denn wenn wir eine Strafe aufschieben und sie dann letztlich vergessen, glaubt das Kind, dass sein Fehlverhalten nicht weiter schlimm war oder es wieder mal davongekommen ist. Deshalb: Bleiben Sie fest. Seien Sie konsequent.

DAS TEMPERAMENT DES KINDES

*Jedes Kind, jeder Mensch hat ein anderes
Temperament. Manche Eltern haben Probleme,
mit einem temperamentvollen Kind umzugehen
und dieses Temperament anzunehmen.*

Das Temperament des Kindes

JEDES KIND IST ANDERS

Es gibt verschiedene Faktoren, die bei einem temperamentvollen Kind zusammenspielen. Wenn Sie diese Faktoren identifizieren, wird es einfacher sein, die Auszeit-Methode durchzuführen.

WENN DIE AUSZEIT-METHODE NICHT ZU FUNKTIONIEREN SCHEINT

Dana und Thomas sind ein sehr beanspruchtes, dynamisches Paar mit einem lebhaften fünfjährigen Jungen, Noah. Mit Noah kommt man nur schwer zurecht, er ist widerspenstig und stur – genau wie seine willensstarken und eigensinnigen Eltern. Wenn er mit seinen Eltern aneinander gerät, fliegen die Fetzen. Noahs Eltern glaubten, dass ihr Kind ein Problem habe, und wollten ihn einem Psychologen vorstellen, weil er so schwierig war. Als die Familie in die Beratung kam, war dem Therapeuten bald klar, dass die Beziehungen zwischen Noah, seinem Vater und seiner Mutter höchst aufgeladen waren – und das ständig. Der Therapeut erklärte, dass Noah völlig normal ist. Er hat einfach eine Persönlichkeit vom Typ A, genau wie seine beiden Eltern. Noah wetteiferte mit dem impulsiven, willensstarken Verhalten seiner Eltern und diese waren nicht in der Lage, ihre eigenen Wesenszüge in ihrem Sohn wieder zu erkennen. Der Therapeut empfahl den Eltern bestimmte Verhaltenstechniken für den Umgang mit Noah.

Wenn Sie ein ähnliches Kind haben, glauben Sie vielleicht, dass die Auszeit-Methode bei ihm nie funktionieren kann. Sie können sich nicht vorstellen, dass Ihr temperamentvolles Kind sich fügen und auf dem Stuhl bleiben wird.

Altersgemäßes Verhalten

Manche Eltern ließen sich von einem solchen Kind so einschüchtern, dass sie die neue Erziehungsmaßnahme aus Angst vor der Reaktion des Kindes gleich aufgaben. Doch wenn Sie Ihrem Kind erlauben, das Familienleben zu bestimmen, kommen Sie in Teufels Küche. Es ist unabdingbar, dass Sie die Auszeit-Methode konsequent einsetzen.

Wenn Sie hartnäckig bleiben, wird die Auszeit-Methode nach einiger Zeit funktionieren, auch wenn es anfangs nicht perfekt klappt.

ALTERSGEMÄSSES VERHALTEN

Eltern bestrafen ihr Kind oft für Dinge, die seine kognitive Entwicklung übersteigen. Wenn ein vierjähriges Kind mal mit einer nassen Hose aus dem Kindergarten kommt oder beim Mittagsschlaf nicht einschlafen kann, rechtfertigt das keine Auszeit. Wenn Sie einem Dreijährigen eine Auszeit geben, weil er nicht bitte oder danke gesagt hat, verwässern Sie die Wirkung der Auszeit, weil Sie das Kind für eine Kleinigkeit bestrafen, deren Notwendigkeit es in diesem Alter noch nicht richtig erkennen kann. Wenn das gleiche vierjährige Kind aber während der Zeit des Mittagsschlafs herumrennt, obwohl Sie mehrmals gesagt haben, dass es ruhig liegen bleiben soll, dann ist eine Auszeit angebracht.

Es ist toll, wenn man einem Kind hilft, unabhängig und selbstständig zu werden. Aber das Alter bestimmt immer, wozu das Kind fähig ist und wann eine Strafe angemessen ist. So ist zum Beispiel ein Trotzanfall bei einem Dreijährigen nichts, worüber man sich Sorgen machen müsste. Trotzanfälle bei einem Neunjährigen dagegen sind natürlich etwas anderes. Sie dürfen nicht erwarten, dass sich ein kleines Kind schon wie ein Zehnjähriger benimmt und ein Zehnjähriger wie ein Erwachsener. Wenn ein Dreijähriger „nein" sagt und sich abwendet, dann will er nicht „böse" und trotzig sein. Es handelt sich dabei vielmehr um ein alterstypisches Verhalten. In dieser Phase versucht das Kind, seine

Das Temperament des Kindes

Unabhängigkeit von den Eltern zu erwerben. Daher handelt ein Kleinkind, das erst mal „nein" sagt, altersgerecht. Ich würde mir mehr Sorgen machen, wenn ein Kleinkind immer fügsam wäre und zu jeder Aufforderung „ja, Mami" sagen würde.

Die dreijährige Sarah stibitzte Sachen aus Mutters Waschtisch und versteckte sie. Wenn Ihre Mutter Antonia sie fragte, wo die Sachen waren, kicherte Sarah und sagte es nicht. Antonia wurde wütend. Sie war überzeugt davon, dass Sarah eine Diebin war und irgendwann einmal im Gefängnis landen würde. Antonia konnte nicht verstehen, dass Dreijährige noch gar nicht unterscheiden können zwischen „etwas wegnehmen und verstecken" und „stehlen". Mehr noch, Sarah tat genau das, was für ihr Alter ganz typisch ist.

Sarah braucht eine Mutter, die ihr erklärt, dass es nicht in Ordnung ist, die Sachen anderer Leute ungefragt wegzunehmen. Dazu muss die Mutter erkennen, dass am Handeln ihrer Tochter nichts Furchtbares oder Vorsätzliches ist.

Trotzanfälle gehören zur Entwicklung dazu.

Manche Eltern betrachten alterstypische Verhaltensweisen als schlecht oder ungehörig. Sie glauben, Ihr Kind benehme sich schlecht, wenn es einen Trotzanfall hat. Aber die meisten Kleinkinder haben irgendwann Trotzanfälle. Die Eltern müssen vielmehr erkennen, wann ein Verhalten übermäßig oft auftritt bzw. in welchem Alter es nicht mehr angebracht ist.

Um alterstypisches Verhalten zu identifizieren, sprechen Sie mit Eltern, die Kinder im selben Alter haben wie Sie. Indem Sie Ihre Erfahrungen austauschen, werden Sie verstehen, welche Phasen Ihr Kind durchläuft. Vielleicht lachen Sie dann über Dinge, die sie bisher „furchtbar" fanden, einfach weil Sie noch nicht wussten, dass es sich um normale und alterstypische Verhaltensweisen handelt.

Wutanfälle und andere schreckliche Momente

WUTANFÄLLE UND ANDERE SCHRECKLICHE MOMENTE

Wissen Sie, wie hilflos und frustriert man sich fühlt, wenn das eigene Kind in aller Öffentlichkeit einen Wutanfall bekommt? Auf dem Boden liegt und tobt? Am liebsten würde man weglaufen und dieses Kind verleugnen. Andererseits könnte man das Kind packen und schütteln. Und gleichzeitig würde man es am liebsten in den Arm nehmen und trösten.

Alle diese Empfindungen sind normal. Ein Trotzanfall ist eine Art Bewältigungsmechanismus des Kindes. Kleine Kinder, die übermüdet, frustriert oder wütend sind, verfügen noch nicht über die sprachlichen Möglichkeiten, ihre Gefühle auszudrücken. Aber trotzdem müssen sie Dampf ablassen – also toben sie los. Wird das Kind darin von seinen Eltern bestärkt – auch durch negative Aufmerksamkeit –, wird es an seinen Wutausbrüchen festhalten. Die Trotzanfälle werden dann zu einem sehr wirksamen Mittel, den eigenen Willen durchzusetzen.

Trotzanfälle sind bei Kindern bis zum Alter von fünf Jahren normal.

Gelegentlich steigern sich Mutter/Vater und Kind in einen Streit. Dann ist es schwierig zu entscheiden, wer die Auszeit braucht. Das Kind brüllt. Die Eltern schreien. Es wird immer lauter – der schönste Kampf ist im Gange.

Wenn Sie sich jemals von Ihrem Kind in einen Wutanfall hineinziehen ließen, kommt Ihnen folgende Szene sicher vertraut vor:

Ihr Kind schreit „nein". Sie erheben die Stimme. Es schreit lauter. Sie schimpfen lauter und versuchen ihm zu sagen, dass es sich beruhigen soll. Es flippt völlig aus – schimpft, tritt mit den Füßen, schlägt um sich. Sie lassen es los, nehmen einen Gegenstand und werfen ihn nach dem Kind. Ihr Kind gerät immer weiter außer sich. Sie fühlen

Das Temperament des Kindes

sich schuldig, wütend, frustriert, traurig und haben Gewissensbisse. Dieses Szenarium ist nicht typisch, aber viele Eltern sind schon einmal ungewollt in diesen Kreislauf verfallen.

Folgende Vorschläge helfen Ihnen, einen Wutanfall Ihres Kindes abzuwenden:

- Denken Sie immer voraus. Manche Kinder vertragen nur wenige Reize. Wenn Sie fortgehen, überlegen Sie, wie lange Sie wegbleiben werden und wie die Umgebung auf das Kind wirken wird.
- Bevor Sie den ganzen Tag mit dem Kind Besorgungen erledigen wollen, überlegen Sie, ob das wirklich notwendig ist. Können Sie einiges noch liegen lassen? Können Sie einen Babysitter engagieren? Können Sie vielleicht eine Freundin oder Nachbarin bitten, auf Ihr Kind aufzupassen?
- Verlangen Sie von einem Kind nicht mehr, als es bewältigen kann. Es ist keine gute Idee, mit dem Kind in einer langen Schlange vor dem Kino oder einem Museum anzustehen. Ein kleines Kind, das quengelig, gelangweilt und müde ist und kurz vor einem Wutanfall steht, hat nicht viel von einer tollen Kunstveranstaltung.
- Wenn Sie den ganzen Tag mit Ihrem Kind fortgehen wollen, bereiten Sie es darauf vor. Sagen Sie ihm, wohin Sie gehen und was Sie dort tun werden. Legen Sie für mittags eine Belohnung fest, wenn es sich bis dahin gut benommen hat, und ebenso für abends. Gehen Sie z. B. mittags zu McDonald's essen, wenn das Kind bis dahin anständig war, und versprechen Sie ihm für abends ein Eis oder ein kleines Spielzeug, wenn es bis dahin durchhält.
- Wenn Sie jemanden besuchen, erklären Sie Ihrem Kind, wie es sich dort benehmen soll. Sagen Sie ihm genau,

Eltern müssen lernen, wie man Wutausbrüche vermeiden kann und was zu tun ist, wenn sie auftreten.

Wutanfälle und andere schreckliche Momente

was Sie von ihm erwarten. Verwenden Sie viel positive Verstärkung, wenn sich Ihr Kind gut benimmt, z. B.: „Ich finde es toll, wie geduldig du bist."
- Ermutigen Sie Ihr Kind, Gefühle mit Worten auszudrücken. Ein kleines Kind weiß oft nicht, wie es mit seinen Gefühlen umgehen soll, und reagiert sie durch Schlagen, Sachenhinunterwerfen oder Trotzanfälle aus.

Ein Kind, das über geeignete Wörter verfügt, hat eine Alternative. Lehren Sie Ihr Kind, seinen Ärger auf folgende Weise auszudrücken:
- „Ich mag meinen Bruder gar nicht, wenn er mich schlägt."
- „Es ist gemein, mir meine Spielsachen wegzunehmen."
- „Ich will jetzt einfach nicht spielen."
- „Ich brauche eine Auszeit von dir, Mami."

Manche Kinder brauchen auch ein körperliches Ventil für ihren Ärger. Kürzlich bat mich meine Tochter um einen Punchingball. Sie sagte, sie brauche eine Möglichkeit, ihren Ärger „herauszuboxen", wenn sie völlig genervt ist. Erst wollte ich ihr keinen kaufen, weil ich, wie wohl die meisten Eltern, erst einmal gegen jede Form körperlichen Abreagierens bin. Aber dann erkannte ich, dass sie tatsächlich auf irgendetwas eindreschen musste. Und ein Punchingball ist ein williges Objekt.

Kinder fühlen sich oft klein und unbedeutend. An einem Punchingball oder einem Kissen können sie Dampf ablassen, ohne auszurasten.

Wenn Sie schon alles versucht haben und Ihr Sprössling doch wieder einen gewaltigen Trotzanfall hat, müssen Sie wissen, was dann zu tun ist. Natürlich besteht die erste Maßnahme darin, dem Kind eine Auszeit zu geben. Doch wenn das Kind schon richtig wütet, können Sie kaum eine Auszeit durchsetzen. Sie müssen erst mit dem Wutanfall umgehen.

Der siebenjährige Stefan stritt mit seiner Mutter. Egal was sie sagte, er wollte das Gegenteil. Sie wurde immer wü-

Das Temperament des Kindes

> **Wie Sie einen Wutanfall in den Griff bekommen**
> - *Schimpfen Sie nicht.*
> - *Versuchen Sie es während des Wutanfalls nicht mit Vernunft.*
> - *Schlagen Sie Ihr Kind niemals.*
> - *Sprechen Sie ruhig mit ihm.*
> - *Halten Sie Ihr Kind und bringen Sie es weg, wenn es Gefahr läuft, sich selbst oder andere zu verletzen.*
> - *Lenken Sie die Aufmerksamkeit des Kindes auf etwas anderes.*

Kinder fühlen sich sicher, wenn sie wissen, was von ihnen erwartet wird.

tender. Stefan war es gelungen, seine Mutter in ein verbales Gefecht zu verwickeln. Schließlich stand die Mutter auf und ging weg. Stefan blieb verblüfft zurück. Er war von ihrem Handeln so überrascht, dass er einfach sitzen blieb. Der Streit war vorüber. Stefans Mutter reagierte richtig: Statt zu explodieren, zog sie sich aus einer eskalierenden Situation zurück. Es ist sinnlos, mit einem Siebenjährigen in einer solchen Situation diskutieren zu wollen. Das führt nur zu Streit und Geschrei. Indem Sie weggehen, nehmen Sie dem Kind seine Macht. Die Distanz ermöglicht auch der Mutter, ihre Fassung wiederzuerlangen und zu entscheiden, ob eine Auszeit angebracht ist.

Ein Kind, das die Konsequenzen negativen Verhaltens kennt, wird seltener ausrasten. Wenn ein Kind glaubt, mit einem bestimmten Verhalten durchzukommen, wird es dieses Verhalten einsetzen. Kinder kennen oft die Belastungsgrenzen ihrer Eltern und wissen, wie weit sie gehen müssen,

Das widerspenstige Kind

um ihren Willen durchzusetzen. Sie manipulieren und heulen einfach lange genug, bis ihre Eltern so genervt sind, dass sie nachgeben.

DAS WIDERSPENSTIGE KIND

Viele Beispiele in diesem Buch handeln von „normalen" Kindern. Aber es gibt auch Kinder, die durch ihre Wutanfälle, ihr Geschrei und ihren Ungehorsam ständig Ärger in die Familie bringen. Dieses Verhalten treibt die Eltern oft zum Wahnsinn und sie geben letztlich meist den Forderungen des Kindes nach. Die Eltern setzen sich nicht durch. Diese Kinder haben das Familienleben bald fest unter Kontrolle und können auch einen Keil zwischen die Eltern treiben. Der Vater zieht sich zurück. Die Mutter fühlt sich völlig allein gelassen. Oft hält schon der Kampf um den Auszeit-Stuhl Mutter oder Vater davon ab, es mit der Auszeit überhaupt nur zu versuchen.

Doch wenn man einem schwierigen Kind nachgibt, schafft das eine noch schlimmere Situation. Je seltener Sie sein Verhalten konsequent sanktionieren, umso mächtiger wird sich das Kind fühlen. Wenn ein kleines Kind seine Eltern im Griff hat, ist das keine gesunde Situation. Bei einem schwierigen Kind muss schnell und konsequent gehandelt werden. Wenn es sich widersetzt, muss es Folgen spüren.

Schwierige Kinder brauchen und wollen Grenzen. Ohne diese Grenzen fehlt ihnen ein Kontrollmechanismus.

Der Zeitplan

Besonders wichtig ist es, für das Kind einen Zeitplan zu erstellen. Schreiben Sie auf, was Ihr Kind wann zu tun hat. Auf der folgenden Seite finden Sie ein Beispiel für einen solchen Terminkalender. Dieser Zeitplan hilft dem Kind, eine gewisse Selbstkontrolle zu erwerben. Lassen Sie Ihrem Kind für die Einhaltung dieses Zeitplans nicht mehr als 20 Minu-

Das Temperament des Kindes

Zeitplan
(für ein sechsjähriges Kind)

Montag –	7.00 Uhr	7.30 Uhr	12.00–16.30 Uhr	18.30 Uhr	20.00 Uhr
Freitag	Anziehen	Frühstück	Essen/ Hausaufgaben/ Spielen	Baden	Ins-Bett-Gehen
Samstag	8.00 Uhr	9.00 Uhr	12.00	17.00 Uhr	21.00 Uhr
	Im Haushalt helfen	Klavier-unterricht	Essen	Fußball	Ins-Bett-Gehen
Sonntag	9.00 Uhr				20.00 Uhr
	Gottesdienst				Ins-Bett-Gehen

ten Spielraum. Wenn es dann der angesetzten Aufgabe immer noch nicht nachkommt, verhängen Sie eine Auszeit. Verweigert es sich weiterhin, streichen Sie eine Vergünstigung. Auch dabei ist es wieder unerlässlich, dass Sie die Maßnahme konsequent durchziehen. Je klarer Ihr Kind sieht, dass Sie es ernst meinen, umso größer ist die Chance, dass Sie sich durchsetzen.

DIE ELTERN-KIND-„PASSUNG"

„Wer ist nur dieses Kind?" Haben Sie das jemals über Ihr Kind gesagt? Haben Sie manchmal den Eindruck, dass Ihr kleiner Liebling gar nicht in Ihre Familie passt?

Sie und Ihr Kind sind wie zwei Teile eines Puzzles. Entweder passen Sie perfekt zusammen oder die Teile stimmen einfach nicht richtig überein. Die Teile passen nicht zusam-

Die Eltern-Kind-„Passung"

men. Sie können sich wahrscheinlich nicht vorstellen, warum das so ist. Hier ist Ihr geliebtes Kind – Ihr „Klon". Sie erziehen dieses Kind gemäß Ihren Vorstellungen und trotzdem ist es nicht wie Sie. Wie kommt das?

Jedes Kind hat, wie jeder Elternteil, eine einzigartige Persönlichkeit. Eltern erwarten oft, dass ihr Kind so ist wie sie selbst. Künstlerisch begabte Eltern erwarten, dass ihr Kind ein kleiner Künstler ist. Intellektuelle, ruhige Eltern gehen davon aus, dass ihr Kind auch vergeistigt sein wird. Aus diesem Grund sind viele Eltern so stolz, wenn man ihnen sagt: „Deine kleine Tochter ist dir wie aus dem Gesicht geschnitten." Doch wichtiger noch ist uns, dass unsere Kinder uns im Wesen ähneln.

Aber wenn ein Kind schwierig ist, eigensinnig, widerspenstig und streitbar, erhebt niemand Anspruch darauf, dass diese Verhaltenszüge von ihm stammen. Viele Paare streiten sich darüber, nach wem das Kind gerät. Gewöhnlich bekommen in diesem Fall einige entfernte Verwandte die „Ehre". Doch das kann tatsächlich eine Ehre sein, denn lebhafte, schwierige Kinder entpuppen sich sehr oft als brillante, dynamische Erwachsene. Nur der Weg zum Erwachsenwerden ist holprig. Die Auszeit hilft über solche Stolpersteine hinweg.

Wenn man selbst gesellig ist, ist es bedrückend, wenn man ein schüchternes, in sich gekehrtes Kind hat. Doch werden diese und andere Differenzen nur noch schmerzhafter, wenn Eltern und Kind wegen dieser Unterschiede aneinander geraten.

Diese Eltern-Kind-„Passung" kann reguliert werden. Es liegt an den Eltern, die Unterschiede zu kompensieren. Am wichtigsten ist, dass die Eltern dem Kind sein Wesen nicht zum Vorwurf machen. Das zerbrechliche Selbstwertgefühl eines Kindes kann stark leiden, wenn es ständig hören

Eltern mit einem einfachen, folgsamen Kind sind dankbar, wenn Familie und Freunde bemerken, wie gut sich das Kind benimmt. Dann sind sie stolz.

Das Temperament des Kindes

muss: „Du bist so anders als ich. Wir kommen mit dir einfach nicht klar. Deine Schwester ähnelt mir viel mehr. Warum kannst du dich nicht besser anpassen?" Diese Wörter vermitteln dem Kind die Botschaft „mit dir stimmt etwas nicht", obwohl das Kind in Wirklichkeit nur anders ist als seine Eltern.

Wir tun besser daran, die Andersartigkeit unserer Kinder anzuerkennen und zu schätzen. Wir müssen erreichen, dass unsere Kinder stolz auf sich selbst sind. Die grundlegenden Persönlichkeitsmerkmale eines Kindes werden bei der Zeugung festgelegt. Diese Individualität jedes Kindes müssen wir respektieren. Wir müssen dem Kind Grenzen setzen, dürfen aber nicht fordern, dass es anders wird. Einem sehr offenen Kind muss man beibringen, dass es im Umgang mit anderen Menschen bestimmte Grenzen nicht überschreiten darf. Lehren Sie es, wie weit es gehen kann. Aber erwarten Sie nicht, dass aus ihm ein ruhiges, zurückhaltendes Wesen wird. Ein schüchternes Kind wiederum müssen Sie zu Kontakten ermutigen. Aber drängen Sie es nicht, gesellig zu sein.

Es ist wichtig, die Unterschiede zwischen Eltern und Kind zu erkennen und zu respektieren. Ein ruhiger, umgänglicher Erwachsener ist leicht versucht, einem wilden, lauten Kind nur wegen dieser Wildheit eine Auszeit aufzuerlegen. Die Toleranzbreite von Eltern kann sehr unterschiedlich sein.

Der sechsjährige Christian liegt ständig im Clinch mit seiner Mutter. Sie mag es ordentlich. Er ist ein Chaot. Sie mag es ruhig. Er ist laut. Sie stimmen nie überein. Die Mutter ist wegen der Differenzen zwischen ihr und ihrem Sohn geradezu deprimiert. Dabei wäre es besser, die positiven Aspekte von Christians Verhalten zu beachten und sich an diesen zu erfreuen.

Kinder mit einer schwierigen Persönlichkeit brauchen eine lange Leine, sonst werden sie nur noch beschimpft. Diese Kinder haben oft das Gefühl, dass alles, was sie sagen oder tun, zu einer Bestrafung führt. Das führt oft in einen Teufelskreis, aus dem das Kind nicht mehr herausfinden kann.

LERNSTILE: JEDES KIND IST ANDERS

Jeder Mensch hat einen anderen Zugang zum Lernen und zur Verarbeitung von Informationen. Die Art und Weise, wie wir lernen, beeinflusst viele andere Bereiche unseres Handelns – auch unsere Interessen und Persönlichkeitsmerkmale. Sie beeinflusst die Art und Weise, wie wir mit anderen Menschen zurechtkommen und wie wir unsere Umwelt wahrnehmen.

Auch Sie und Ihr Kind haben einen unterschiedlichen Lernstil. Wenn Sie den Lernstil Ihres Kindes verstehen, können Sie Erziehungsprobleme vermeiden. Wenn die Eltern z. B. sagen „Er fasst immer alles an", so kann das einfach die Art und Weise des Kindes sein, sich der Welt zu nähern. Sein Lernstil ist wahrscheinlich ein taktiler – d. h., das Kind muss Dinge berühren und fühlen, damit es sie begreifen kann. Andere Kinder eignen sich die Welt über die Sprache an, indem sie beschreiben, was sie sehen, hören und fühlen.

Auf der folgenden Seite finden Sie eine Übersicht über die verschiedenen Intelligenzformen und Lerntypen. Sie stammt aus dem Buch „Frames of Mind" von Howard Gardner. Versuchen Sie Ihren Lernstil und den Ihres Kindes zu bestimmen. Denken Sie daran, dass jeder Mensch Merkmale unterschiedlicher Typen aufweist. Kaum jemand entspricht einem Idealtyp. Ordnen Sie Ihr Kind also nicht strikt einem Typ zu. Diese Kategorien sind vielmehr Anhaltspunkte für ein weiter reichendes Verständnis.

WENN ALLES ANDERE MISSLINGT

Wolfgang und Helga haben bei ihrem sechsjährigen Sohn Robin schon alles versucht. Sie haben es mit der Auszeit probiert, sie strichen Vergünstigungen, setzten auf positive

Das Temperament des Kindes

> **Die sieben Formen der Intelligenz**
>
> 1. **Logisch:** Verfolgt komplexe Ideen. Liebt Mathematik, Puzzles und das Lösen von Problemen. Ist gut organisiert.
> 2. **Sprachlich:** Lernt durch die Verwendung von Wörtern. Geht gut mit Sprache um. Liest gern.
> 3. **Räumlich:** Hat ein präzises visuelles Gedächtnis. Ist künstlerisch begabt und hat eine sensible Wahrnehmung. Erfindungsgeist. Konstruiert gerne.
> 4. **Kinästhetisch:** Hat ein gutes Körpergefühl. Bewegungsbegabt. Lernt eher über den Instinkt als über den Verstand.
> 5. **Musisch:** Erkennt Rhythmus, Tonhöhe, Metrik und Tonarten. Erinnert gehörte Informationen leichter als gelesene.
> 6. **Interpersonell:** Hat starke soziale und kommunikative Fähigkeiten. Sprecherqualitäten und Führungspersönlichkeit.
> 7. **Intrapersonell:** Stärker in sich gekehrt und weniger sozial orientiert. Lernt und arbeitet gern für sich allein.

Je besser Sie Ihr Kind kennen und verstehen, umso besser sind die Chancen, es richtig zu erziehen.

Verstärkung und das Punktesystem, aber nichts schien wirklich zu funktionieren. Robin hielt sich in der Schule nicht an Regeln, raufte mit anderen Kindern und störte das Familienleben.

Wolfgang und Helga kauften Elternratgeber und probierten weitere Erziehungsmethoden aus in der Hoffnung, dass irgendetwas funktionieren würde. Robin wurde nur noch misstrauischer und widerspenstiger. Die Situation verschlimmerte sich immer weiter. Die Eltern wussten nicht

Wenn alles andere misslingt

mehr weiter und suchten Hilfe in einer Beratungsstelle. Damit es in Ihrer Familie nie so weit kommt, sollten Sie Schwierigkeiten immer sofort konsequent zu lösen versuchen.

Wenn das Kind in der Schule Schwierigkeiten hat, warten Sie nicht lange ab. Sprechen Sie mit dem Lehrer. Vereinbaren Sie regelmäßige Termine. Sprechen Sie mit Ihrem Kind. Finden Sie heraus, ob es ein spezielles Problem gibt oder ob das Kind fortwährend mit dem Lehrer oder den Klassenkameraden im Clinch liegt – oder beides. Bitten Sie den Lehrer, Ihrem Kind jeden Tag eine kurze Rückmeldung nach Hause mitzugeben. So wissen Sie, ob es Verbesserungen gibt, und können das Verhalten des Kindes über einen längeren Zeitraum beobachten.

Bitten Sie den Lehrer, auf einer Karte zu vermerken, welches Verhalten das Kind gezeigt hat, ob dieses Verhalten richtig war und wie er es beurteilt.

Belohnen Sie gutes Benehmen des Kindes. Und wenn es in der Schule einen schwierigen Tag hatte, sagen Sie nichts; fragen Sie das Kind, ob es darüber sprechen möchte. Wenn das Verhalten des Kindes in der Schule sehr problematisch war, können Sie ihm eine Auszeit geben – allerdings nicht zu lange danach. Für Regelverstöße im Unterricht ist auch der Lehrer zuständig. Wenn Ihr Kind allerdings in der Schule ständig mit anderen rauft oder Dinge zerstört, sind auch Sie als Eltern verantwortlich und müssen Ihr Kind zur Rechenschaft ziehen. Beobachten Sie Ihr Kind auch zu Hause. Zeigt es auch hier Probleme im Umgang mit anderen Kindern? Ist es schwierig zu kontrollieren?

Wenn Sie konsequente Erziehungsmaßnahmen angewandt haben und dem Verhalten Ihres Kindes immer noch hilflos gegenüberstehen, sollten Sie professionelle Hilfe in Anspruch nehmen. Diese Hilfe kann viele Formen annehmen. Wenden Sie sich zuerst an die Schule. Sprechen Sie mit dem Beratungslehrer. Vielleicht werden Sie an eine Bildungsberatungsstelle weiterverwiesen. Oft ist auch eine

Das Temperament des Kindes

Wenn Sie sich nicht an die Schule wenden wollen, sprechen Sie mit Ihrem Kinderarzt. Oder wenden Sie sich an einen Kinderpsychologen oder an eine Beratungsstelle.

Testung sinnvoll. Vielleicht besteht eine spezielle Lernschwäche, die dazu führt, dass das Kind ständig frustriert ist und deshalb Probleme macht.

KINDER MIT ADS

Vielleicht ergibt die Untersuchung beim Kinderarzt oder beim Kinderpsychologen, dass bei Ihrem Kind die Diagnose „Aufmerksamkeitsdefizitstörung" (ADS) gestellt wird. Oft wird in diesem Fall ein Medikament verschrieben. Viele Kinder sind nach Einnahme dieses Medikaments tatsächlich viel umgänglicher. Keinesfalls darf jedoch eine Medikamentation, wenn sie überhaupt vorgenommen wird, die einzige Maßnahme sein. Gerade ADS-Kinder brauchen ganz klare Regelungen und Strukturen. Sie müssen Selbstkontrolle erwerben. In ihrem Fall ist die Durchführung der in diesem Buch beschriebenen Disziplinierungsmaßnahmen besonders wichtig. Wenn bei Ihrem Kind eine ADS diagnostiziert wird, sollten Sie alle zur Verfügung stehenden Maßnahmen durchdenken. Ist eine umfassende Testung erfolgt? Wurde auch überprüft, ob Lernschwächen bestehen? Wurde eine körperliche Untersuchung vorgenommen? Wurden die Untersuchungen von einem Arzt durchgeführt, der Erfahrung im Umgang mit ADS hat?

Es ist völlig richtig, alle Möglichkeiten, dem Kind zu helfen, in Erwägung zu ziehen.

Kinder, die immer Probleme haben und ständig beschimpft werden, sind nicht glücklich. Auch sie leiden unter der Situation. Doch oft sind sie nicht in der Lage, um Hilfe zu bitten, sondern werden immer verstockter. Wir müssen herausfinden, was sie brauchen, ohne Angst davor zu haben, was unsere Familie oder unsere Freunde dazu sagen.

WORAUF DIE ELTERN BESONDERS ACHTEN MÜSSEN

Kinder sind wie ein Schwamm – sie saugen alles in ihrer Umgebung auf. Eltern bilden die erste Beziehung des Kindes und sind das wichtigste Vorbild. Was auch immer sie tun, das Kind wird es in irgendeiner Weise nachmachen.

Worauf die Eltern besonders achten müssen

ELTERNSEIN – FREUDE UND STRESS

Seien wir ehrlich: Elternsein ist eine große Freude. Aber es ist eine riesige, verantwortungsvolle Aufgabe, die viel von uns fordert. Deshalb ist es so wichtig, dass Sie selbst Auszeiten nehmen. Das trifft für Eltern von Babys ebenso zu wie für Eltern von Teenies. Die Anforderungen und der Stress, die ein Säugling mit sich bringt, können zu völliger Erschöpfung führen. Wenn aus Ihrem Baby erst mal ein Kleinkind geworden ist, brauchen Sie noch mehr Kraft. Ein aktiver Dreijähriger hält einen den ganzen Tag auf Trab. Da hat alle Geduld irgendwann ein Ende. Allzu leicht verliert man dann die Nerven. Deshalb müssen Sie die Anzeichen eines drohenden Burn-out rechtzeitig erkennen.

WENN DIE ELTERN ÜBERLASTET SIND

Wenn Eltern völlig überlastet sind und ständig unter Stress stehen, kommt die Erziehung des Kindes in aller Regel zu kurz.

Das wurde auch Johanna klar, die vierzig Stunden in der Woche arbeitet und zwei Kinder, zwei Hunde sowie einen Ehemann hat und ein aktives, gesellschaftliches Leben führt. Sie fragte sich, warum sie in letzter Zeit immer sehr aggressiv auf alles reagierte. Sie gestand sich ein, dass sie beinahe ein Jahr lang keinen Urlaub mehr gemacht hatte. Alles, was ihre Kinder taten, nervte sie. Wenn ihr Sohn Spielsachen herumliegen ließ, regte sie sich auf. Wenn ihre Kinder stritten, reagierte sie völlig überzogen. Sie war ungedul-

Wenn die Eltern überlastet sind

dig und weinerlich geworden und unfähig, sich auf ihre Arbeit zu konzentrieren.

Jeder wollte etwas von Johannas Zeit abhaben. „Ich habe das Gefühl, ich werde in zehn verschiedene Richtungen gezogen", gestand Johanna ein. „Ich habe überhaupt keine Zeit mehr für mich selbst und nicht genug Zeit für meine Familie."

Ganz klar, Johanna war völlig überlastet und überarbeitet – das wird auch als Burn-out bezeichnet. Sie versuchte eine Supermutter zu sein, eine tolle Ehefrau und hervorragende Angestellte. Zwar ist ihr Wunsch, für jeden das Beste zu leisten, bewundernswert, doch opfert sie sich bei ihrer Jagd nach Perfektion selbst auf. Wenn Johanna auf diese Weise über ihre Kräfte lebt, hat letztlich niemand etwas davon. Ihre Nerven sind am Ende, weil sie völlig erschöpft ist. Wenn sie diese Überlastung nicht wahrnimmt, kommt es bald zu einem Drop-out oder Drop-off.

Drop-off bedeutet, dass man einen Bereich des Lebens vernachlässigt, um den anderen gerecht zu werden. Besonders Frauen vernachlässigen in diesem Fall meist sich selbst. Sie achten nicht mehr auf ihre eigenen Bedürfnisse. Frisur, Make-up, Maniküre, Kleidung – all dies wird unwichtig. Eine Frau gönnt sich oft nicht einmal mehr eine Ruhepause.

Wenn ein Elternteil zum Workaholic geworden ist, lässt er die Familie fallen. Er/sie nimmt sich nicht mehr von der Arbeit frei, um beim Fußballspiel des Sohnes dabei zu sein, bei einer Schultheateraufführung oder einem Picknick im Park. Der springende Punkt ist, dass immer jemand der Leidtragende ist – egal, was Sie aufgeben: Sie selbst, Ihr Kind, Ihr Partner.

Viele Partnerschaften leiden darunter, dass beide Partner keine Zeit mehr füreinander haben. Eine Frau gestand ein: „Ich kann mich nicht mehr erinnern, wann ich das

Die Familie erwartet natürlich auch, dass die Mutter immer zur Verfügung steht und bei allem hilft.

Worauf die Eltern besonders achten müssen

letzte Mal mit meinem Mann geschlafen habe. Zwischen Arbeit, Terminen, Kindern und dem Haushalt sehen wir uns kaum noch. Am Ende eines anstrengenden Tages fallen wir beide ins Bett und wollen nur noch schlafen." Wenn Sie auch an diesem Punkt angelangt sind, sollte in Ihrem Kopf ein rotes Licht aufblinken. Es ist Gefahr im Verzug.

Das Problem besteht darin, dass man meist unbewusst in ein solches Verhaltensmuster verfällt; man erkennt erst, in welchen Schwierigkeiten man steckt, wenn es beinahe schon zu spät ist. Denn wenn diese Überlastung erst einmal besteht, genügt ein kleiner Streit, um Ehe, Beruf oder die Beziehung zum Kind nachhaltig zu schädigen.

Wenn man sich erst einmal im Stadium völliger Überlastung befindet, kann es zu einem Drop-out kommen: dem Gefühl, dass man es nicht mehr schaffen kann. Man will aus seinem Leben aussteigen. Damit wird das völlige Gegenteil des ursprünglichen Anspruchs erreicht: Statt eine Supermutter zu sein, nimmt man an den Aktivitäten seines Kindes gar nicht mehr teil. Das Leben erscheint öde, die Mitmenschen interessieren nicht mehr. Man setzt seinen Job aufs Spiel, kündigt vielleicht oder wird entlassen. Die Ehe scheitert und letztlich scheitert man selbst.

Natürlich stellt ein solches „Aussteigen" ein Extrem dar, doch kann es dazu kommen, wenn man die eigenen Bedürfnisse über längere Zeit ignoriert. Wenn auch Sie schon einmal daran gedacht haben „auszusteigen", brauchen Sie eine Auszeit. Hier einige Punkte, auf die Sie achten sollten:

- Machen Sie Urlaub.
- Setzen Sie Prioritäten.
- Teilen Sie Ihre Gefühle der Familie mit.
- Durchbrechen Sie alte Muster. Spielen Sie nicht den Märtyrer; bitten Sie um Hilfe.
- Arbeiten Sie an Ihrer Zeitplanung.

Wichtig ist zu erkennen, dass man der Situation nicht hilflos ausgeliefert ist, sondern dass es an einem selbst liegt, für Entlastung zu sorgen und das Leben neu zu strukturieren.

Zeit für die Partnerschaft

ZEIT FÜR DIE PARTNERSCHAFT

Manche Paare verbringen, wie wir eben gesehen haben, so viel Zeit mit Arbeiten und Kindererziehung, dass sie einander darüber vergessen. Der Stress der Erziehung kann sich auf eine Beziehung auswirken. Ein Kind schränkt die gemeinsame Zeit ein, besonders wenn das Kind immer an erster Stelle steht. Eine Familie besteht aus Erwachsenen und Kindern. Alle, auch die Erwachsenen, müssen umsorgt, geliebt, verwöhnt werden und brauchen Aufmerksamkeit.

Es ist für das Wohlergehen der ganzen Familie entscheidend wichtig, dass Sie gemeinsame Zeit mit Ihrem Partner/Ihrer Partnerin verbringen. Freizeit bedeutet einen Babysitter engagieren und gemeinsam ausgehen. Dazu gehört auch ein gelegentlicher Kurzurlaub.

Eltern, besonders Mütter von kleinen Kindern, haben oft das Gefühl, völlig zu kurz zukommen. Die Mutter kann kaum mal ein paar Stunden für sich haben. Der Mann wiederum kann sich wie das „dritte" Rad am Wagen vorkommen; das Kind beansprucht die gesamte Aufmerksamkeit der Partnerin, für ihn bleibt keine Zeit mehr. Es ist nicht einfach, wenn beide Partner Familie, Karriere, Termine, Verpflichtungen und schreiende und quengelnde Kinder unter einen Hut bekommen wollen. Da bleibt die Partnerschaft leicht auf der Strecke.

Wer hat abends um 22 Uhr schon Lust auf Sex, wenn die Kinder noch nach einem schreien, um den schwarzen Mann zu verscheuchen, und das Jüngste einfach nicht in sein eigenes Bett geht?

Betrachten Sie Freizeit und Zeit für die Partnerschaft als eine Notwendigkeit. Lassen Sie keine Entschuldigungen gelten; verschieben Sie partnerschaftliche Unternehmungen nicht immer wieder. Monate, vielleicht Jahre können sonst

Nur durch gemeinsame Zeit, die ausschließlich dem Partner gewidmet ist, kann eine Beziehung gepflegt werden.

Worauf die Eltern besonders achten müssen

Gemeinsam verbrachte Freizeit ist lebenswichtig für eine gute Beziehung.

> **Wenn Sie mit Ihrem Partner etwas unternehmen, beachten Sie Folgendes:**
>
> - *Sprechen Sie nur einmal am Tag über die Kinder, höchstens eine halbe Stunde lang.*
> - *Jammern Sie nicht die ganze Zeit über Ihre Situation.*
> - *Halten Sie Händchen und küssen Sie sich.*
> - *Machen Sie sich schön füreinander.*
> - *Lassen Sie Romantik zu.*
> - *Meiden Sie typische Familientreffpunkte. Suchen Sie sich einen romantischen Ort.*
> - *Wenn Sie nur ein, zwei Tage weg sind, rufen Sie möglichst gar nicht zu Hause an.*
> - *Stellen Sie den Sex nicht in den Mittelpunkt Ihrer kleinen Reise. Sexualität soll wieder ganz natürlich aus Ihrem Zusammensein entstehen, ohne die Einstellung: „Schnell, solange wir können."*
> - *Haben Sie Spaß zusammen.*

vergehen, bevor Sie mit Ihrem Mann gemeinsam ausgehen. Bis dahin kann Ihre Partnerschaft schon Schaden genommen haben. Fürchten Sie nicht, Ihr Kind zu vernachlässigen, wenn Sie Zeit für sich selbst brauchen. Ein glücklicher und entspannter Mensch ist ein/e bessere/r Mutter/Vater.

AUCH ELTERN BRAUCHEN EINE AUSZEIT

Sie brauchen nicht nur Zeit für Ihre Partnerschaft, sondern auch für sich selbst. Deshalb ist es wichtig, dass Sie auch

Auch Eltern brauchen eine Auszeit

selbst Auszeiten nehmen. Das bezieht sich auf alle Bereiche Ihres Lebens. Sobald Sie erschöpft, zerstreut, ungeduldig, übermäßig empfindlich oder unaufmerksam sind, müssen Sie innehalten und eine Auszeit nehmen. Bitten Sie Familie und Freunde, Sie darauf hinzuweisen, wenn Sie unausgeglichen sind. Denn manchmal sind wir nicht in der Lage, selbst zu erkennen, was mit uns los ist.

Wenn Sie eine Auszeit nehmen, sagen Sie Ihrer Familie, dass Ihre Kräfte erschöpft sind. Der Haushalt wird nicht zusammenbrechen, wenn Sie ein paar Stunden – oder einen Tag – weg sind. Viele Menschen – und vor allem Kinder – kommen erstaunlich gut zurecht, wenn sie selbstständig sein dürfen. Sie können sagen: „Ich brauche eine Auszeit. Bitte stört mich nicht, bis _____. Dann stehe ich euch wieder zur Verfügung." Treten Sie entschlossen auf – und machen Sie keinen Rückzieher.

Eine Auszeit kann bedeuten, dass Sie einige Stunden für sich allein haben, bei einem Bad entspannen, Musik hören, eine Massage bekommen oder etwas anderes Entspannendes tun. Sie sollten auch verlängerte Auszeiten in Form von Ferien nehmen – allein oder mit dem Partner. Manche Eltern machen nie Urlaub ohne Kinder. Natürlich ist das eine persönliche Entscheidung. Aber ich empfehle das allen Eltern. Eltern von Kleinkindern können mal ein Wochenende verreisen und Eltern von Schulkindern gelegentlich eine Woche.

Eine Freundin sagte mir einmal: „Vom Augenblick an, wo du ein Kind hast, bist du nie mehr richtig entspannt." Zuerst erschien mir das völlig abwegig, aber dann wurde mir klar, dass darin einige Wahrheit steckt. Eltern machen sich ständig Sorgen. Sie machen sich Sorgen, wenn ihr Baby ohne ersichtlichen Grund weint. Sie fragen sich, warum es nicht sauber wird. Sie sind gestresst, wenn ihr Kleinkind

Kindern geht es in der Regel recht gut, wenn die Eltern weg sind. Der springende Punkt ist natürlich eine zuverlässige Betreuung des Kindes.

Worauf die Eltern besonders achten müssen

trotzt. Sie sorgen sich wegen der Schule, bangen während seines ersten Ferienlagers und seiner ersten Verabredung. „Wird sie glücklich sein? Wird sie gut sein? Sind wir gute Eltern? Übersehen wir irgendetwas Wichtiges in seiner Entwicklung?"

All diese Anforderungen und Sorgen können im Laufe der Zeit zur völligen Erschöpfung führen. Sobald Sie das Gefühl haben, nicht mehr zu können, nehmen Sie eine Auszeit. Sagen Sie: „Mami/Papi braucht eine Auszeit, um in Ruhe nachzudenken. Wenn ich ruhig bin, werde ich mich um dich kümmern." Manchmal kommt das Kind schon zur Ruhe, wenn Sie sich aus einer angespannten Situation zurückziehen. Oft will ein Kind Mutter oder Vater einfach nerven. Es weint, zürnt und jammert nur, solange sie da sind. Eine elterliche Auszeit vermittelt die Botschaft: „Ich ziehe mich zurück." Das Kind ist dann auf sich selbst gestellt und muss allein wieder zur Vernunft kommen.

Ich empfehle Auszeiten vor allem auch ungeduldigen Eltern.

Wenn eine Situation unberechenbar wird, nimmt man besser eine Auszeit, als etwas zu tun, das man später bereuen wird. Wenn Sie spüren, dass Sie die Beherrschung verlieren, bitten Sie Ihren Partner, eine Freundin oder Nachbarin, nach Ihrem Kind zu schauen. Denn das ist der springende Punkt: Wenn Sie die Beherrschung verlieren, wird das auch Ihr Kind tun.

DIE AUSZEIT-METHODE IST TEAMWORK

Eltern müssen ein wahres Bollwerk darstellen, das so ein kleiner Wicht nicht durchbrechen oder niederreißen kann. Klingt Ihnen das zu dramatisch? Dann denken Sie mal nach.

Eine typische Familienszene: Die Fünfjährige wird zornig, wirft ihr Spielzeug gegen die Wand und zerkratzt die

Die Auszeit-Methode ist Teamwork

Richtlinien für eine Auszeit der Eltern

- *Wenn Sie überlastet sind oder bald die Beherrschung verlieren, nehmen Sie eine Auszeit.*
- *In einer eskalierenden Situation sagen Sie Ihrem Kind: „Ich brauche jetzt eine Auszeit. In ein paar Minuten bin ich wieder da." Gehen Sie an einen ruhigen Ort, schließen Sie die Tür hinter sich, atmen Sie tief durch und schließen Sie die Augen.*
- *In einer akuten Streitsituation versuchen Sie die Auszeit auf zehn Minuten zu beschränken. Wenn Sie länger wegbleiben, ist Ihr Kind vielleicht verunsichert.*
- *Wenn Sie zurückkommen, sagen Sie: „Meine Auszeit ist jetzt vorbei und ich fühle mich nun besser."*
- *Bleiben Sie an dem Problem dran, aber in einer ruhigen, rationalen Weise. Wenn es das Verhalten Ihres Kindes erfordert, sagen Sie: „Jetzt bist du dran mit einer Auszeit."*
- *Wenn Sie größeren Abstand vom Alltagsstress z.B. in Form einer eintägigen Auszeit brauchen, treffen Sie die entsprechenden Vorbereitungen. Organisieren Sie die Betreuung des Kindes und kündigen Sie ihm rechtzeitig an, dass Sie einen Tag frei nehmen werden*

Farbe. Die Mutter wird wütend und gibt ihr eine Auszeit. Das Kind wird hysterisch und rennt zu seinem Vater. Es schmeichelt sich ein und bettelt, dass es keine Auszeit nehmen muss. Es weint und heult. Der Vater bekommt Mitleid und versucht, das Kind zu trösten. Die Mutter schreit ihn an: „Ich habe ihr eine Auszeit gegeben. Sprich nicht mit ihr." Das Kind ist erschreckt. Der Vater sagt zu seiner Frau,

Worauf die Eltern besonders achten müssen

Wenn nur ein Elternteil die Auszeit anwendet und der andere nicht, ist es nutzlos. Das Kind wird nur verunsichert.

sie solle sich beruhigen. Doch sie wird nur noch wütender und sagt ihrem Partner, er solle sich heraushalten. Auch ihr Partner wird wütend und die Eltern geraten aneinander.

Die Kleine hat den Kampf gewonnen und nun streiten sich auch noch die Eltern. Das Kind wird nicht bestraft. Die Eltern bilden keine einheitliche Linie, sondern lassen sich vom Kind gegeneinander ausspielen. Das Kind weiß nun, dass die Eltern keine Einheit bilden. Es weiß, wie es seinen Willen durchsetzen kann. Diese Situation hat verschiedene negative Auswirkungen:

- eine Spaltung zwischen den Eltern
- Unklarheit, was vom Kind erwartet wird
- ein schlechtes Vorbildverhalten für das Kind
- Wut und Verstimmung zwischen den Eltern

Wenn Sie die Auszeit in Ihrer Familie einführen wollen, ist es unerlässlich, dass Sie und Ihr Partner ein Team bilden. Arbeiten Sie bei den Erziehungsmaßnahmen zusammen. Am wichtigsten: Wenn Sie die Auszeit-Methode anwenden wollen, sprechen Sie darüber. Lesen Sie Bücher zu dem Thema und finden Sie heraus, wie Sie sie gemeinsam richtig einsetzen können.

Ständiger Streit über die Erziehungsmethoden ist weder förderlich für eine Ehe noch für ein Kind oder eine Familie.

Widersprechen Sie einander niemals vor dem Kind. Wenn Sie mit der Strafmaßnahme Ihres Partners nicht einverstanden sind, sprechen Sie darüber in Abwesenheit des Kindes. Sie müssen einander unterstützen. Das Kind muss wissen, dass Mutter und Vater ein Team bilden. Andernfalls wird das Kind einen Keil zwischen die Eltern treiben und den schwächeren Elternteil zum Nachgeben bringen. Wieder gilt: Sie müssen nicht immer einer Meinung mit Ihrem Partner sein, aber diskutieren Sie nicht vor dem Kind über Meinungsverschiedenheiten. Tun Sie es in Abwesenheit des Kindes. Machen Sie dem Kind gegenüber ganz deutlich, dass Sie ein Team sind. Verwenden Sie das Wort „wir", wenn das

Nicht so viel reden

Kind versucht, einen von Ihnen auf seine Seite zu ziehen. Folgende Formulierungen können Sie verwenden, um Ihrem Kind Ihre Einigkeit zu demonstrieren:
- Papi/Mami und ich sind ein Team.
- Wir respektieren unsere Entscheidungen.
- Dein Vater/Deine Mutter und ich werden diese Sache später besprechen und überlegen, ob wir das anders machen können.
- Wir kennen deinen Standpunkt.
- Wir unterstützen einander.
- Wir verstehen, wie du dich fühlst.

NICHT SO VIEL REDEN

Kennen Sie das: Sie halten Ihrem Kind eine lange Predigt über sein Verhalten. Seine Augen werden ganz glasig und es scheint eine Million Kilometer entfernt zu sein! Es scheint überhaupt nichts mitzubekommen.

Viele Eltern machen den Fehler, Ihr Kind argumentativ davon überzeugen zu wollen, warum es sinnvoll ist, dass es ihre Regeln befolgen muss. Dabei sollte man dem Kind einfach zu verstehen geben, dass es die Regeln befolgen muss, einfach weil die Eltern diese Regel zu seinem Wohle so festgesetzt haben.

Diskussionen mit dem Kind können sich ständig im Kreis drehen und zu nichts führen. Es ist völlig sinnlos, einem Kleinkind eine Predigt zu halten, weil es das meiste nicht versteht und das andere in der nächsten Minute vergessen hat. Wenn Sie bei Ihrem Kind eine Wirkung erzielen wollen, fassen Sie sich kurz und bringen Sie die Sache auf den Punkt. Die folgenden Beispiele können Ihnen eine Vorstellung dieses prägnanten Gesprächsstils geben, mit dem Sie auf Fehlverhalten Ihres Kindes reagieren sollten:

Natürlich sollen Sie die Gefühle des Kindes wahrnehmen und respektieren. Aber ein Fehlverhalten soll nicht bagatellisiert werden, indem man nur darüber spricht und dann hofft, das Kind habe aus dieser Predigt gelernt.

Worauf die Eltern besonders achten müssen

- „Dein Verhalten ist nicht angemessen."
- „Nein!" (Sagen Sie das nur einmal.)
- „Ich kann deine Gefühle nachvollziehen, aber unsere Regeln gelten."
- „Weil wir es so festgelegt haben!"
- „Ich habe meine Entscheidung getroffen."
- „Du hast Zeit, bis ich bis zehn gezählt habe."

Wenn wir konsequent bei diesen festen Entscheidungen bleiben, ohne uns auf Diskussionen einzulassen, wissen unsere Kinder bald, dass wir es ernst meinen.

VERLASSEN SIE DEN SCHAUPLATZ

Auf ein Kind macht es einen gewaltigen Eindruck, wenn sich die Eltern aus einem Streit einfach zurückziehen. Kinder suchen ständig die Aufmerksamkeit der Eltern. Sie brauchen und wollen ihre Rückmeldung und Bestätigung. Doch ein Kind darf keine Macht über die Eltern gewinnen. Als Eltern sind Sie der Boss. Sie sind größer, stärker und erfahrener. Das sollten Sie niemals vergessen.

Wenn Ihr Kind sich in eine Situation hineinsteigert oder Sie zu manipulieren versucht oder immer weiter quengelt, geben Sie nicht nach. Gehen Sie weg.

Ich erlebte einmal eine Dreijährige, die ständig um ihre schimpfende Mutter herumrannte. Das Kind bellte seiner Mutter Befehle zu und sie gab den Forderungen ihres Kindes letztlich immer wieder nach. Im Grunde hatte die Mutter ihre Macht abgegeben. Sie rackerte sich ab, um ihr Kind glücklich zu machen. Diese Aufgabe war aber letztlich unmöglich. Schließlich wurde die Mutter wütend und brüllte ihr Kind an. Das Kind, eindeutig der Sieger in diesem Kampf, wusste instinktiv, wie es die Mutter zu manipulieren hatte, um das zu bekommen, was es wollte. Die Mutter wurde eingekesselt. Die Mutter hätte sich der Situation entziehen müssen. Wäre sie weggegangen, hätte sie ihre Macht behalten.

Überfordern Sie Ihr Kind nicht

ÜBERFORDERN SIE IHR KIND NICHT

Als Susanne und ihre kleine Tochter Jana in einer sehr exklusiven Boutique einkauften, bekam die Vierjährige einen Wutanfall, weil sie die teuren Kleider nicht berühren durfte. Dieses Verbot erscheint den meisten Menschen einleuchtend. Aber Jana, die von den edlen Stoffen fasziniert war, erschien das völlig ungerecht. Schließlich waren diese Kleider so hübsch. Susanne gab Jana eine Auszeit und verließ dann, als die Situation schlimmer wurde, die Boutique.

Nun bin ich keineswegs dafür, dass ein Kind ein teures Kleid anfassen darf. Ich bin aber auch nicht dafür, dass man ein Kind zu einem Einkaufsbummel in eine exklusive Boutique mitnimmt, wo die Versuchung für das Kind einfach viel zu groß ist. Es ist unfair, ein kleines Kind in eine nicht kindgerechte Umgebung mitzunehmen und es dann zu bestrafen, wenn es seine kindliche Neugier nicht zügeln kann.

Sie würden ein kleines Kind sicher nicht zu einem wichtigen Geschäftstermin mitnehmen. Warum sollten Sie es dann in eine edle Boutique oder ein teures Restaurant mitnehmen und erwarten, dass es sich dort „gut" benimmt? Wenn Sie das tun, überfordern Sie Ihr Kind.

Das Kind sollte sich benehmen können, höflich sein und Regeln befolgen. Aber denken Sie daran, was wir bereits über altersgemäßes Verhalten gesagt haben: Kinder sind keine kleinen Erwachsenen. Sie handeln entsprechend ihrem Alter und ihren Instinkten. Erwarten Sie nicht zu viel.

Ein anderes Problem, das auch mit Überforderung zu tun hat, ist die fehlende Geduld von Kindern. Vielleicht ist Ihnen diese Situation vertraut: Es ist 17.30 Uhr. Die Mutter kauft ein. Das Kind ist müde, hungrig und quengelig.
Das Kind sagt: „Ich will heim!" Die Mutter antwortet: „Ich muss nur noch eine Sache erledigen."

Es ist sicherlich richtig, von dem Kind bestimmte Verhaltensweisen zu verlangen, wenn man fortgeht.

Worauf die Eltern besonders achten müssen

Das Kind weint: „Ich will heim!" Die Mutter antwortet: „Okay, Schatz. Lass mich nur noch dieses eine erledigen."

Plötzlich, ohne Vorwarnung, flippt das Kind aus. Die Mutter verliert ihre Nerven (auch sie ist müde, hungrig und genervt). Sie verhängt eine Auszeit, was zu diesem Zeitpunkt höchst wahrscheinlich wirkungslos ist. Beide kommen völlig entnervt heim. Das Kind ist unglücklich und die Mutter genauso.

Wohl jeder hat schon einmal eine ähnliche Situation erlebt. Wir verlangen zu viel von unserem Kind und sind dann genervt, wenn es sich danebenbenimmt. Es liegt an den Eltern zu erkennen, wann das Kind überfordert ist. Ein hungriger, müder Dreijähriger kann einfach nicht abwarten, bis die Mutter noch andere Dinge erledigt hat. Er hat einfach keine Geduld mehr. Er wird ausflippen und dabei ist es ihm völlig egal, wo Sie sind oder was Sie gerade tun.

Natürlich ist es nicht immer möglich, auf die Bedürfnisse des Kindes Rücksicht zu nehmen. Aber man sollte auf bestimmte Situationen vorbereitet sein. Nehmen Sie etwas zu essen mit, ein Lieblingsspielzeug, vielleicht eine Kassette mit beruhigender Musik für das Auto. Nehmen Sie sich bei einer Einkaufstour zehn Minuten Zeit und lassen Sie das Kind ausruhen, essen und entspannen. Kinder spüren die Hast und Anspannung ihrer Eltern. Sie nehmen diese Signale auf und lassen sich von dieser Hektik anstecken.

Umgehen Sie, wenn irgend möglich, Stress-Situationen am Abend oder zu anderen Tageszeiten, in denen das Kind erfahrungsgemäß überreizt ist.

DAS KIND „LOSLASSEN"

Ein Kind ist kein Erwachsener. Das erscheint ganz offensichtlich, ist es aber oft nicht – das haben wir im obigen Beispiel bereits gesehen. Eltern behandeln ihre Kinder nicht selten wie kleine Erwachsene und erwarten ein Verhalten, das das Kind noch nicht erfüllen kann. Viele Mütter haben

Das Kind „loslassen"

sich bei mir über das mangelnde Mitgefühl ihrer Kinder beklagt. Auch ich konnte es damals nicht verstehen, warum meine vierjährige Tochter nicht einsehen wollte, dass auch ich ein bisschen Zeit für mich selber brauchte. Konnte sie denn nicht sehen, wie erschöpft ich war? Warum war sie so quengelig und unsensibel? Konnte sie nicht sagen: „Klar, Mami, du ruhst dich aus und entspannst dich und ich spiele so lange ganz still." Selbst ein Erwachsener reagiert nur selten so verständnisvoll – wie sollte es dann ein Kind!

Kleine Kinder sind von Natur aus narzisstische, egoistische, rücksichtslose kleine Wesen, deren Welt sich um sie selbst dreht. Das ändert sich erst, wenn ein Kind allmählich die äußere Welt bewusst wahrnimmt. Und selbst dann zeigt es oft eher Rücksicht gegenüber Außenstehenden als gegenüber Eltern und Geschwistern. Haben Sie nicht auch schon erlebt, dass Ihr Kleines wegen eines verletzten Hundes oder eines toten Goldfischs geweint hat, aber auf Ihre Kopfschmerzen noch niemals Rücksicht genommen hat? Die eigene Familie ist für ein Kind ein Hort der Sicherheit und Stabilität; es kommt gar nicht auf die Idee, dass hier Rücksichtnahme angebracht wäre. Dieses Verhalten zeugt im Grunde von einer gesunden Eltern-Kind-Bindung, bei der sich das Kind von „starken" Eltern beschützt fühlt. Die Eltern sind es, die hier ihre Erwartungen zurückschrauben müssen. Wir Eltern erwarten viel von unseren Kindern, weil wir sie als Teil unserer selbst betrachten. In gewisser Hinsicht trifft dies zu. Doch Kinder haben auch ihre eigenen Gedanken, Gefühle und Vorstellungen und ihre eigene Persönlichkeit. Und deshalb gilt auch andersherum: Wenn ein Kind etwas Falsches tut, bedeutet das nicht, dass die Eltern etwas falsch gemacht haben.

In dem Maße, in dem sich Kinder ihrer eigenen Persönlichkeit stärker bewusst werden, erkennen sie, dass sie von

Wir erwarten oft nicht nur, dass unser Kind „vernünftig" ist und sich zu benehmen weiß, sondern auch, dass es einfühlsam ist.

Worauf die Eltern besonders achten müssen

den Eltern getrennte Personen sind. Eltern müssen genau das auch akzeptieren. Loslassen ist der erste Schritt zur Selbstständigkeit des Kindes. Wir müssen unsere Kinder zur Unabhängigkeit erziehen. Nur so können wir ihnen helfen, in einer schwierigen und komplexen Welt ihren Weg zu gehen. Seien Sie darum bereit, Ihrem Kind zu helfen, es zu führen und zu trösten; aber erdrücken Sie es nicht durch Ihre Erwartungen. Denn sonst bekommen Sie ein klammerndes, unsicheres Kind oder ein zorniges, rebellisches.

AUCH MAL WAS DURCHGEHEN LASSEN

Das wichtigste Geschenk, das Eltern ihren Kindern machen können, ist, ihnen die Freiheit zu lassen, sie selbst zu sein.

Einen Konflikt kann man manchmal am einfachsten vermeiden, indem man einfach loslässt. Kämpfen Sie nur, wenn es die Sache wert ist. Ein Kind für jede Kleinigkeit zu strafen lohnt nicht den Ärger und den Aufruhr in der Familie. Kinder müssen manches auch falsch machen. Auf diese Weise lernen sie.

Johannes tadelte seinen Sohn ständig wegen der Art und Weise, wie er sein Besteck hielt. Er sei ungeschickt und würde ständig kleckern. Infolgedessen war der Junge bereits verängstigt, wenn er sich an den Esstisch setzte. Bald wollte er gar nichts mehr selber machen.

Wenn Sie Ihrem Kind Tischmanieren und andere alltägliche Verrichtungen beibringen wollen, ist das prima. Aber eine Auszeit anzusetzen, wenn das Kind einmal gekleckert hat, ist nicht angemessen.

Dies trifft auch auf andere Bereiche zu, wie z. B. bei kleinen Kindern das Sauberhalten der Kleidung. Lassen Sie es durchgehen, wenn Ihr Kind sich schmutzig macht. Kennen Sie das Sprichwort: „Kleine Kinder, kleine Sorgen; große Kinder, große Sorgen?" Das ist sehr wahr.

Auch mal was durchgehen lassen

Prioritäten setzen

Meine Tochter war auch ein sehr temperamentvolles kleines Mädchen und ich hätte ihr alle zehn Minuten eine Auszeit geben können. Aber ich erkannte, dass irgendwo etwas nicht stimmte, sonst hätte sie nicht so oft eine Auszeit nehmen müssen. Klar, meine Erwartungen waren viel zu hoch. Ich erstellte eine Liste mit den Verhaltensprioritäten. Die Prioritäten wurden nach ihrer Bedeutung festgesetzt. Wenn gegen diese Prioritäten verstoßen wurde, bekam meine Tochter eine Auszeit. Ich erstellte auch eine Liste mit den Dingen, die ich durchgehen lassen würde.

Jede Liste wird entsprechend dem Alter des Kindes anders aussehen. Allerdings gibt es grundlegende Verhaltensweisen, an die sich alle Kinder halten sollten. Die Liste sollte auf Ihren persönlichen Wertvorstellungen und Regeln basieren. Aber für jede Regel, die Sie durchsetzen wollen, sollten Sie bereit sein, eine andere Sache durchgehen zu lassen.

Manchen Kindern mit einem eher schwierigen Temperament muss man mehr durchgehen lassen. Das klingt seltsam und inkonsequent; aber es ist tatsächlich so, dass schwierige Kinder mehr Spielraum brauchen, sonst würden sie nur noch bestraft. Und das wiederum würde unvermeidlich ihr Selbstwertgefühl beeinträchtigen.

Die Übersicht auf der folgenden Seite über Verhaltsprioritäten gibt Ihnen eine erste Vorstellung, welche Verhaltensweisen geahndet und welche toleriert werden können. Erstellen Sie Ihre eigene Liste. Entscheiden Sie, wo Ihre Prioritäten liegen und in welchen Punkten Sie nachgeben wollen. Gehen Sie typische Situationen durch und fragen Sie sich: „Wie oft ist das schon passiert?" „Ist das eine gefährliche Situation?" „Wie wichtig ist es, dass ich mich hier durchsetze?" „Kann mein Kind aus dieser Situation etwas Wichtiges lernen?"

Sparen Sie Ihre Energie für die großen Probleme auf, die noch kommen werden. Sie werden Ihre Kraft brauchen.

Worauf die Eltern besonders achten müssen

Prioritäten-Liste

Verhaltensweise	Häufigkeit				Das lassen wir durchgehen	Auszeit
	1x	2x	4x	oft		
Kleckern						
Das Baden vergessen						
Den Bruder hauen						
Spielsachen nicht teilen						
Nach dem Hund treten						
Nicht aufgeräumt						
Die Zähne nicht putzen						

Füllen Sie die Tabelle aus. Notieren Sie, wie oft diese Verhaltensweise aufgetreten ist (einmal in der Woche, mehr als zweimal die Woche usw.). Berufen Sie sich auf die Tabelle, wenn Sie eine Auszeit festlegen müssen oder etwas durchgehen lassen.

Was ist wichtig?

Sie müssen also entscheiden, welche Verhaltensweisen Ihnen am wichtigsten sind. Andernfalls kommt Ihr Kind vielleicht nie von seinem Auszeit-Stuhl herunter. Die Verhaltensweisen müssen Sie unter Berücksichtigung des Temperaments Ihres Kindes festlegen. Wenn Ihr Kleines ständig quengelt und mault, ist eine Korrektur dieses Verhaltens wichtiger als das Aufräumen. Manchen Eltern ist es wichtiger, dass ihre Kinder ihre Pflichten erledigen, als dass sie immer pünktlich ins Bett gehen. Jedes Kind und alle Eltern sind verschieden. Was in der einen Familie funktioniert, muss in der anderen nicht auch klappen.

Was nicht toleriert werden darf

Bis zu einem bestimmten Punkt müssen Sie bereit sein, Dinge durchgehen zu lassen. Kinder müssen ihre Welt erforschen, Fehler machen und aus ihren Aktivitäten lernen. Dabei erwerben sie ein Gefühl für richtig und falsch. Sie erfahren, wie ihr Verhalten von ihren Eltern, ihren Kameraden und der Gesellschaft im Allgemeinen beurteilt wird. Dies ist der erste Schritt zur Entwicklung eines Bewusstseins.

WAS NICHT TOLERIERT WERDEN DARF

Es gibt jedoch bestimmte Verhaltensmuster, über die man meiner Meinung nach nicht hinwegsehen darf. Sie betreffen die Interaktion des Kindes mit anderen Mitgliedern der Gesellschaft und bilden den Kern seiner Persönlichkeit. Wenn ein Kind dieses Verhalten an den Tag legt, kann es den Ruf bekommen, einen schlechten Charakter zu haben. Hierzu gehören folgende Verhaltensweisen:

- Lügen
- Betrügen
- Stehlen
- Schlagen, Kämpfen und Stoßen
- Ein anderes Kind ärgern und seine Gefühle verletzen
- Maulen und rüpelhaftes Benehmen

Wenn Ihr Kind ein solches Verhalten zeigt, dürfen Sie das niemals durchgehen lassen. Verhängen Sie sofort eine Auszeit. Sprechen Sie danach mit Ihrem Kind über die Unangemessenheit dieses Verhaltens. Wenn diese Verhaltensweisen häufig und über längere Zeit auftreten, sollten Sie zusätzliche Hilfe in Anspruch nehmen.

Listen Sie in der Reihenfolge ihrer Bedeutung auf, welche Verhaltensweisen sich bei ihrem Kind verändern sollen. Schreiben Sie auch die gewünschte Veränderung auf.

> *Wenn man Kinder wegen jeder Kleinigkeit straft und eine Auszeit verpasst, wird ihr Selbstwertgefühl verletzt. Sie betrachten sich selbst als böse. Und dieses Gefühl wollen wir sicher nicht in ihnen verankern.*

Worauf die Eltern besonders achten müssen

VORBILDVERHALTEN

Vorbildverhalten bezieht sich in besonderer Weise auf die Gefühle. Das vorrangige Ziel besteht darin, mit dem Kind richtig zu kommunizieren und gute Rahmenbedingungen für diese Kommunikation zu schaffen.

Ich erinnere mich an einen Vorfall, als meine Tochter Alexandra sieben Jahre alt war. Wir waren einkaufen. Eine Frau mit einer Tochter im selben Alter nahm einen Apfel aus dem Obstregal und aß ihn. Dann nahm sie einige Weintrauben. Meine Tochter fragte mich, ob sie auch einen Apfel bekommen könnte. Ich sagte ihr: „Wir wiegen ihn und bezahlen ihn zuerst." Ich erklärte ihr, dass man in einem Lebensmittelgeschäft nicht einfach Ware essen darf, ohne sie zu bezahlen.

Dieselbe Frau stand nachher vor uns an der Kasse an. Das kleine Mädchen schnappte sich einen Schokoriegel und lief an der Kasse vorbei hinaus. Als der Kassierer der Mutter sagte, dass das Mädchen einen Riegel genommen hatte, war die Mutter entsetzt. Sie gab dem Mädchen einen Klaps und sagte ihr: „Du darfst niemals etwas in einem Geschäft mitnehmen." Das kleine Mädchen lief schreiend hinaus.

Meine Tochter sah mich an. „Aber die Mutter hat doch auch Obst genommen und es nicht bezahlt."

Dieses Beispiel zeigt, was unter Vorbildverhalten zu verstehen ist und welche Auswirkungen es auf Kinder hat.

Dieses Modellverhalten, kombiniert mit der Auszeit, bietet Ihnen die Grundlage für eine wirksame Erziehung, die Frustrationen vorbeugt und Verhaltensprobleme beim Kind erst gar nicht entstehen lässt.

VON SCHLAFEN, BADEN, ESSEN UND ANDEREM

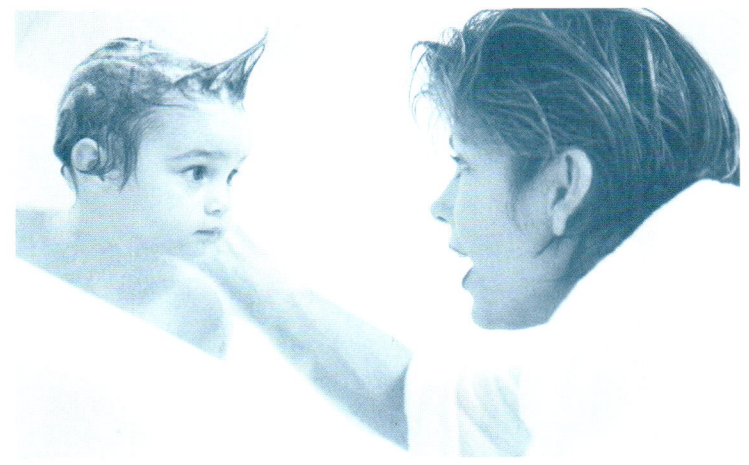

*Typische Konfliktsituationen zwischen
Eltern und Kind entstehen häufig wegen Essen,
Baden und Schlafengehen. In allen diesen
Fällen lautet mein Rat: Lassen Sie sich nicht
auf einen Machtkampf ein.*

Von Schlafen, Baden, Essen und anderem

GEWOHNHEITEN

Kinder sind nicht problematisch. Wir Eltern machen uns oft erst die Probleme. Wir machen uns Sorgen und regen uns über das Essverhalten unseres Kindes auf, über seine Schlafgewohnheiten, die Sauberkeitserziehung und das Waschen. Als ob dies die wichtigsten Dinge in Leben wären! Kinder, die wissen, dass wir Eltern diese Dinge emotional nicht überbewerten, werden sich hier auch nicht auf einen Kampf einlassen. Schlafen und Essen sind instinktive Verhaltensweisen; man muss sie einem Kind nicht beibringen. Ein Kind sollte nicht dafür bestraft werden, wenn es hier andere Gewohnheiten entwickelt, als die Eltern erwarten. Ein Problem entsteht erst dann, wenn das Kind entdeckt, dass es für die Eltern von enormer Bedeutung ist, dass es z.B. Karotten isst. Dann wird es entdecken, welche Macht es hat, wenn es die Karotten verweigert; und es wird ein Theater machen.

Seien Sie in diesen Punkten tolerant; andernfalls schaffen Sie sich nur zusätzliche Probleme. Sorge ist nur dann angebracht, wenn das Kind abnimmt oder ständig krank oder müde ist und den ganzen Tag gähnt.

EINSCHLAFRITUALE

Sabine gestand ein, dass sie, bereits eine halbe Stunde bevor ihr Sohn ins Bett gehen sollte, extrem angespannt wurde. „Ich wusste, er würde wieder weinen und toben und sich

Einschlafrituale

weigern, ins Bett zu gehen", klagte sie. „Es war ein allabendlicher Kampf mit meinem Dreijährigen. Er ging nie zur richtigen Zeit oder ohne Wutausbruch ins Bett."

Sabine musste den richtigen Zeitpunkt und die richtige Umgebung für das Einschlafritual ihres Sohnes finden. Denn ein Ritual sollte das Zubettgehen für das Kind darstellen. Ein Kind braucht Regelmäßigkeit und Gleichförmigkeit – dieselbe Decke, dasselbe Bett, dieselbe Zeit, denselben Teddy, dasselbe Lied, dieselbe Geschichte. Das mag langweilig klingen, gewährleistet aber, dass sich das Kind sicher fühlt.

Die Schlafenszeit kann für manche Kinder ein Albtraum sein. Sie werden in ein dunkles Zimmer gelegt; Schatten treten auf und Lichtpunkte flackern an den Wänden. Fantasievolle Kinder sehen hier bald Monster. Unter dem Bett lauert eine Hand, die nach dem Kind greifen will. Jedes leise Geräusch klingt unheimlich. Mami und Papi schlafen; das Kind fühlt sich einsam und ist verängstigt. Es liegt an den Eltern, eine behagliche, sichere Umgebung für das Kind zu schaffen.

Hier finden Sie eine Übersicht bewährter Hilfsmittel, die einem Kind das Einschlafen erleichtern können. Sie können alle diese Maßnahmen ergreifen oder auch nur einzelne auswählen:

- Lassen Sie ein Nachtlicht brennen.
- Spielen Sie sanfte, meditative Musik – keinen Rock oder Rap.
- Lassen Sie Ihr Kind vor der Schlafenszeit ein warmes Bad nehmen.
- Lesen Sie eine heitere Geschichte vor; vermeiden Sie Geschichten, in denen Gewalt, Monster oder gruselige Situationen vorkommen.
- Streicheln Sie den Rücken Ihres Kindes.

In manchen Familien gestaltet sich die abendliche Schlafenszeit sehr schwierig.

Von Schlafen, Baden, Essen und anderem

- Stellen Sie sicher, dass Ihr Kind ein Übergangsobjekt hat: eine Decke, ein Stofftier oder etwas anderes Vertrautes und Tröstendes. Das ist auch noch für Schulkinder wichtig. Auch zehn- oder elfjährige Kinder schlafen oft nur mit ihrem Kuscheltier oder einer Schmusedecke.
- Bleiben Sie bei Ihrem Kind, halten Sie seine Hand, singen Sie ein Schlaflied oder ein anderes Lieblingslied.
- Schaffen Sie eine abendliche Zu-Bett-Geh-Routine. Führen Sie jeden Abend dasselbe Ritual durch.
- Sofern Sie kein überzeugter Verfechter des Familienbetts sind, holen Sie Ihr Kind nicht in Ihr Bett, außer wenn es einen Albtraum hatte, krank ist oder gerade ein Gewitter tobt.
- Machen Sie den Babysitter mit dem Ablauf des Einschlafrituals vertraut, sodass er es auch durchführen kann.
- Achten Sie auf unterschwellige Signale Ihres Kindes. Krankheit, Übergangssituationen, eine neue Umgebung, Probleme in der Schule – all diese Umstände können zu Schlafproblemen führen. Schenken Sie Ihrem Kind in Zeiten von Veränderungen und Stress abends zusätzliche Aufmerksamkeit.
- Seien Sie konsequent. Versuchen Sie die festgesetzte Schlafenszeit jeden Tag ohne Ausnahme einzuhalten. Erlauben Sie nicht immer mal wieder zehn zusätzliche Minuten aus diesem oder jenem Grund. Das Kind wird dann immer versuchen, etwas Zeit herauszuschinden. Wenn Sie nachgeben, wird Ihr Kind jeden Abend einen anderen Grund zum Aufbleiben finden. Bleiben Sie fest.
- Schaffen Sie bei widerspenstigen Kindern zusätzliche Anreize. Sagen Sie Ihrem Kind, dass Sie ihm zwei Geschichten vorlesen können, wenn es sich schnell fertig macht.
- Loben Sie gutes Verhalten.

Baden

Manche Kinder haben wirkliche Schwierigkeiten mit dem Einschlafen. Die Eltern selbst können nichts dazu tun, dass das Kind schneller einschläft; deshalb sollten Sie das Kind nach dem Einschlafritual allein lassen. Gehen Sie nicht immer wieder in das Zimmer Ihres Kindes, um zu sagen: „Schlaf jetzt endlich." Das Kind muss von selbst einschlafen. Manche Kinder brauchen auch weniger Schlaf als andere. Mit der Zeit entwickelt jedoch jedes Kind seinen individuellen Schlafrhythmus.

BADEN – MANCHMAL DARF MAN AUCH SCHMUTZIG SEIN

Manche Kinder lieben das Baden – andere hassen es. Wenn Ihr Kind nicht gerne badet, sollten Sie dies auf das Nötigste beschränken. Legen Sie fest, wann Ihr Kind unbedingt baden muss: wenn es richtig schmutzig ist.

Nach bestimmten Aktivitäten, z. B. Spielen im Sand oder Sport, sollte ein Bad selbstverständlich sein. Wenn sich das Kind nicht fügt, bekommt es eine Auszeit. Sie müssen Ihrem Kind im Laufe der Zeit vermitteln, welche Grundsätze für die Körperhygiene gelten.

Wie beim Einschlafen sollten Sie auch beim Baden gewisse Rituale entwickeln. Zum Beispiel:
- Es wird fünf-(drei-, sechs-)mal die Woche gebadet.
- Die Eltern legen die Badetage fest.
- Die Badezeit beträgt mindestes fünf und höchstens zwanzig Minuten.
- Die Haare werden x-mal in der Woche gewaschen.
- An Tagen, an denen nicht gebadet wird, wäscht sich das Kind mit einem Waschlappen.

Orientieren Sie sich an diesem Plan und setzen Sie entsprechend Ihre eigenen Hygieneregeln fest. Kündigen Sie

Geben Sie Ihrem Kind keine Auszeit, wenn es immer wieder aufsteht. In dieser abendlichen Situation – wenn das Kind bereits im Bett war – wirkt eine Auszeit beängstigend. Wenn Ihr Kind ständig wieder aufsteht, streichen Sie Vergünstigungen.

Von Schlafen, Baden, Essen und anderem

Gestalten Sie die Badezeit so lustig wie möglich. Spielsachen, Schwämme in Entenform, lustige Seifen und Waschlappen können Wunder wirken.

dem Kind immer schon beizeiten an, dass es baden soll. Sonst fühlt es sich leicht überrumpelt.

Das Kind sollte auch die selbstverständliche Gewohnheit entwickeln, morgens, nach dem Spielen und vor den Mahlzeiten die Hände und das Gesicht zu waschen. Darüber sollte gar nicht mehr verhandelt werden müssen.

IHR KIND WIRD NICHT VERHUNGERN!

Haben Sie schon einmal beobachtet, was Erwachsene alles anstellen, um ein Kind zum Essen zu bewegen? Da wird gebittet und gebettelt, gedroht und erpresst.

- „Bitte versuch den Blumenkohl. Du magst ihn bestimmt."
- „Nur ein kleines bisschen. Wenn du einen Bissen isst, bekommst du einen Nachtisch."
- „Von Gemüse wirst du groß und stark. Du willst doch ein guter Sportler werden?"
- „Iss deinen Blumenkohl oder du bekommst eine Auszeit."

Kennen Sie diese Redeweisen? Sie wollen Ihrem Kind gesunde, nahrhafte, ausgewogene Mahlzeiten anbieten und Ihr Kind verweigert alles. Dann haben Sie das Gefühl, versagt zu haben. Was tun?

Hören Sie als Erstes auf, das Kind mit Argumenten zum Essen bewegen zu wollen. Je mehr die Eltern drängen, umso stärker wird sich das Kind widersetzen. Es sollte zwar auch bezüglich des Essens bestimmte Regeln geben, aber es darf nicht alles erzwungen werden. Richten Sie dem Kind seine Mahlzeit in einer attraktiven oder ungewöhnlichen Weise an. Ich kaufte einmal ein köstliches Buttermilchdressing. Ich goss es über mein Gemüse und empfahl meiner Tochter,

Ihr Kind wird nicht verhungern!

dies auch zu tun. Sie zögerte zuerst, dippte dann aber ein Brokkoliröschen in das Dressing. Seitdem isst sie gern Gemüse – mit Dressing. Wenn Ihr Kind zu allem Ketchup essen will – warum nicht? Manche Kinder wollen zu allem Erdnussbutter. Auch das schadet ihnen nicht.

Sophie, Mutter von zwei Kindern, erzählte: „Als meine Kinder noch klein waren, d. h. sogar noch mit fünf oder sechs Jahren, servierte ich ihnen das Essen manchmal in einer Muffin-Form. In jedes der sechs Förmchen füllte ich etwas anderes. So aßen die Kinder ganz verschiedene Sachen und es machte ihnen Spaß." Auf diese Weise wird jede Mahlzeit zu einem Erlebnis.

Ärzte sind sich einig, dass ein Kind genügend Nährstoffe erhält, wenn ihm ausgewogene Mahlzeiten angeboten werden. Natürlich hat Ihr Kind Vorlieben und Abneigungen – genau wie Sie selbst. Seien Sie hier ein wenig tolerant. Es ist auch richtig, mit dem Kind über gesunde Ernährung zu sprechen, aber Sie sollten beim Kind keine Schuldgefühle aufkommen lassen. Sagen Sie nicht: „Tausende armer Kinder wären froh, wenn sie dein Gemüse essen könnten." Das ist nicht fair. Und wahrscheinlich wird Ihr Kind seine Erbsen gern den armen Kindern spenden. Beachten Sie folgende Grundregeln:

- Zwingen Sie ein Kind nicht zum Essen.
- Geben Sie ihm ein- oder zweimal in der Woche Wahlmöglichkeiten.
- Verhängen Sie bei größeren Zwischenfällen während der Mahlzeiten eine Auszeit, z. B. wenn das Kind das Essen auf den Boden wirft oder ausspuckt.
- Lassen Sie Ihr Kind bei der Essenszubereitung helfen.

Stimmen Sie diese Regeln auf Ihre Tischsitten und Ihren Lebensstil ab. Dann aber sollten sie konsequent eingehalten werden. Sprechen Sie diese Regeln mit dem Kind durch; ma-

Versuchen Sie möglichst kreativ zu sein. Machen Sie Zugeständnisse und denken Sie daran, dass unter einem Berg Dressing ja doch noch ein Stückchen Gemüse ist.

Von Schlafen, Baden, Essen und anderem

chen Sie ihm klar, dass es eine Auszeit gibt, wenn diese Regeln gebrochen werden. Auch Kinder, die am Esstisch einen Wutanfall bekommen, sollten sofort auf den Auszeit-Stuhl gesetzt werden. Das Essen ist für sie beendet.

> **Essensregeln**
>
> - *Keine Snacks vor den Hauptmahlzeiten.*
> - *Nach dem Nachtisch wird nichts mehr gegessen.*
> - *Von jeder neuen Speise wird ein Bissen probiert.*
> - *Es gibt eine Auszeit, wenn der Nachtisch gegessen wird, ohne dass eine bestimmte Menge vom Hauptgericht gegessen wurde.*
> - *Es gibt eine Auszeit, wenn mit dem Essen gespielt oder es hinuntergeworfen wird.*
> - *Es werden keine „Extrawürste" zubereitet; jeder bekommt das Gleiche.*
> - *Es wird auf Tischmanieren geachtet.*

AN- UND AUSZIEHEN

Die sechsjährige Linda macht außer dem Anziehen alles gern. Sie bürstet sich 20 Minuten lang die Haare und planscht hingebungsvoll im Waschbecken. Sie trödelt und spielt, bis ihre genervte Mutter hereinstürmt. Sie schnauzt Linda an: „Warum bist du noch nicht angezogen? Beeil dich. Du kommst zu spät zur Schule." Linda trödelt weiter. Sie spielt mit den Schnürsenkeln und kann sich nicht entscheiden, welches Haarband sie nehmen soll. Zehn Minuten später ruft die Mutter: „Linda, wir müssen jetzt gehen.

An- und Ausziehen

Bist du fertig mit dem Frühstück?" Aber Linda ist noch nicht einmal angezogen. Die Mutter schimpft, schreit und droht. Linda kommt zu spät zur Schule und ihre Mutter zu spät zur Arbeit. Ganz klar – hier muss ein besserer Weg gefunden werden, um das morgendliche Anziehproblem zu lösen.

Zunächst sollte man sicherstellen, dass das Kind weiß, wie es sich richtig anzieht. Manche Kinder haben keine Ahnung, wie man einen Knopf zuknöpft, Schnürsenkel bindet und Reißverschlüsse zuzieht. Doch ein Vorschulkind sollte das alles beherrschen.

Schreiben Sie das Morgenritual für Ihr Kind deutlich lesbar auf – oder verwenden Sie Bilder, wenn es noch nicht lesen kann. Sprechen Sie diesen Ablauf häufig mit dem Kind durch. Fassen Sie sich kurz. Zum Beispiel:

- Aufstehen.
- Zähne putzen.
- Gesicht waschen.
- Anziehen. Die Kleidung liegt auf dem Stuhl.
- Frühstücken.

Legen Sie die Kleidung Ihres Kindes immer schon am Abend für den nächsten Tag zurecht.

Kinder haben oft noch gar kein Zeitgefühl. In diesem Fall können die Eltern einen Wecker verwenden, damit das Kind vorwärts kommt. Stellen Sie den Wecker auf ungefähr 20 Minuten. In dieser Zeit sollte sich das Kind anziehen. Im Laufe der Zeit wird das Kind auf diese Weise einen Zeitbegriff entwickeln und sich rechtzeitig fertig machen können.

Wenn Ihr Kind aber trotz Wecker immer noch trödelt, streichen Sie ihm eine Vergünstigung Wenn Ihr Kind einen Wutanfall bekommt oder trotzt, verhängen Sie eine Auszeit.

Anfangs schauen Sie nach fünf oder zehn Minuten nach Ihrem Kind und helfen ihm, bei seiner Sache zu bleiben. Loben Sie es ausgiebig, wenn es beim Klingeln des Weckers fertig angezogen ist.

Von Schlafen, Baden, Essen und anderem

Eine letzte Empfehlung: Meiner Meinung nach sollte ein Kind beim Anziehen, Essen oder Zu-Bett-Gehen nicht fernsehen. Kinder fühlen sich vom Fernsehen magisch angezogen und verlieren zwangsläufig jedes Zeitgefühl. Dann kann das Kind gar nicht fertig werden. Fernsehen sollte eine besondere Vergünstigung zu einem festgelegten Zeitpunkt sein.

FRAGEN UND ANTWORTEN

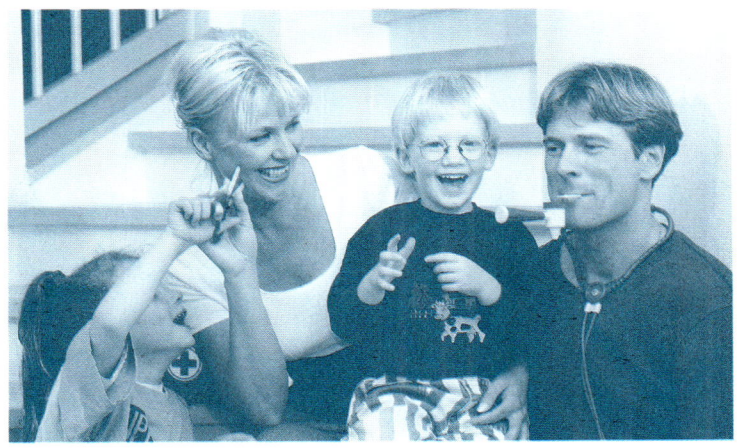

In diesem Kapitel beantworte ich zentrale Fragen, die Eltern immer wieder stellen. Denken Sie aber daran, dass jede Situation und jedes Kind anders ist. Die Antworten stellen deshalb keine strikte Handlungsanweisung dar, sondern sind Richtlinien, denen die Eltern folgen können, wenn sie mit ähnlichen Problemen konfrontiert werden.

Fragen und Antworten

WAS ELTERN WISSEN WOLLEN

Wann ist der beste Zeitpunkt, um mit der Auszeit-Methode zu beginnen?
Zweieinhalb Jahre. Ein kleineres Kind weiß in der Regel noch nicht, was es tut. Mit zweieinhalb Jahren verfügen Kinder aber bereits über ein gewisses Sprachvermögen und wissen schon genau, dass sie für ihr Tun selbst verantwortlich sind. Natürlich sollte man auch schon kleineren Kindern sagen, wenn ihr Benehmen nicht in Ordnung ist, doch die Auszeit ist noch nicht angebracht.

Können wir die Auszeit immer wieder an einem anderen Platz durchführen?
Zu Hause nicht. Seien Sie konsequent und führen Sie die Auszeit immer am selben Ort durch. Verwenden Sie möglichst auch denselben Stuhl. Wählen Sie keinen Platz, an dem Ihr Kind abgelenkt sein könnte.

Mein Achtjähriger weigert sich, auf seinem Auszeit-Stuhl zu sitzen. Er ist zu groß, als dass ich ihn hintragen könnte. Was soll ich tun?
Streichen Sie sofort bestimmte Vergünstigungen. Er wird das schnell begreifen und bald bereit sein, beim nächsten Fehlverhalten seine Auszeit zu nehmen.

Meine Dreijährige findet ihre Auszeit ganz toll. Was mache ich falsch?
Möglicherweise gar nichts. Wahrscheinlich ist Ihre Tochter froh, dass Sie ihr die Möglichkeit geben, Abstand zu gewinnen und sich zu beruhigen. Kleine Kinder sind dazu selbst meist nicht in der Lage. Führen Sie die Auszeit aber nicht im

Was Eltern wissen wollen

Kinderzimmer oder im Wohnzimmer durch, wo das Kind abgelenkt wird. Vielleicht ist ja auch das bei Ihrer Tochter der Fall. Wenn ihr Interesse durch andere Dinge gefesselt wird, wird sie nicht über ihr Verhalten nachdenken. Dann ist die Auszeit wirkungslos. Führen Sie die Auszeit deshalb in einem Flur oder einer Diele durch.

Als meine Tochter vier Jahre alt war, folgte sie, wenn ich eine Auszeit verordnete. Jetzt ist sie beinahe sieben und folgt nicht mehr so problemlos. Helfen Sie mir!
Vielleicht fühlt sich Ihr Kind zu sehr eingeschränkt und empfindet Ihre Sanktionen als ungerecht. Mit zunehmendem Alter verändern sich Kinder. Deshalb müssen sich auch die Grenzen, die wir ihnen setzen, verändern. Was für ein Kleinkind galt, mag für ein siebenjähriges Kind nicht mehr passend sein. Überdenken Sie die Grenzen, die Sie Ihrem Kind setzen. Gehen Sie die Regeln mit Ihrem Kind durch, sodass es genau weiß, was von ihm erwartet wird. Machen Sie ihm klar, welche Konsequenzen sein Fehlverhalten haben wird. Handeln Sie dann schnell und konsequent.

Meine Sechsjährige gibt ihrem kleinen Bruder – er ist noch ein Baby – immer wieder nicht altersgerechtes Spielzeug mit Kleinteilen zum Spielen. Ich verbiete es ihr ständig, aber sie sagt, sie wolle mit ihrem Bruder spielen. Soll ich sie bestrafen?
Ja. Eine Sechsjährige ist reif genug, um zu wissen, was die Warnung bedeutet: „Das darfst du deinem Bruder nicht geben. Das ist gefährlich." Geben Sie Ihrer Tochter eine Auszeit, wenn sie es wieder macht. Sagen Sie ihr, dass es sehr nett ist, wenn sie mit ihrem Bruder spielen will. Suchen Sie mit ihr gemeinsam ein Spielzeug heraus, das sie gefahrlos dem Bruder geben kann.

Fragen und Antworten

Ich muss mit meinem vierjährigen Sohn über alles diskutieren. Ich sage etwas und er sagt das Gegenteil. Ich bin völlig fertig. Wie kann ich mir das Leben erleichtern?
Zunächst einmal: Diskutieren Sie vielleicht wegen Nichtigkeiten? Am besten lässt man sich nur bei wichtigen Dingen auf Verhandlungen mit dem Kind ein. Stehen Sie immer konsequent zu dem, was Sie sagen. Wenn Ihr Sohn wieder herumquengelt, verhängen Sie eine Auszeit. Sie sind der Boss.

Mein Vierjähriger tritt während seiner Auszeit ständig gegen die Wand. Was soll ich machen?
Sagen Sie ihm, dass Sie das nicht dulden. Kündigen Sie an, dass Sie den Wecker um weitere vier Minuten vorstellen, wenn er nicht aufhört. Das sollte funktionieren. Andernfalls stellen Sie den Auszeit-Stuhl mitten in den Raum. Dann kann er in die Luft treten.

Ich fühle mich wie eine Alleinerziehende. Ich bestrafe mein Kind konsequent und setze die Auszeit ein, aber mein Mann macht das nur selten. Was kann man da tun?
Beide Eltern müssen übereinstimmend handeln, sonst ist keine Erziehungsmethode wirksam. Das Kind spielt dann die Eltern gegeneinander aus. Bitten Sie Ihren Partner um Unterstützung. Besprechen Sie die Auszeit-Methode mit ihm. Legen Sie gemeinsam fest, wie und wann Sie sie einsetzen. Sprechen Sie auch über andere Maßnahmen aus diesem Buch. Versorgen Sie Ihren Partner mit den nötigen Informationen. Erinnern Sie Ihren Partner daran, dass es im Interesse des Kindes ist, wenn Sie gemeinsam und übereinstimmend handeln.

Was Eltern wissen wollen

Ich gab meinem Kind in einer Ecke des Supermarkts eine Auszeit. Ich stand einen Meter daneben. Zwei ältere Damen warfen mir einen bösen Blick zu, als ob ich eine Rabenmutter sei. Ich brach die Auszeit ab, weil ich mir so schrecklich vorkam. War das falsch?
Ja. Was hätten diese Damen getan, wenn Sie Ihr Kind angeschrien oder ihm einen Klaps gegeben hätten? Eine Auszeit war die viel bessere Alternative. Lassen Sie sich von anderen Menschen nicht verunsichern. Setzen Sie die Auszeit auch an öffentlichen Orten ein, wenn es nötig ist!

Meist warne ich mein Kind drei- oder viermal, dass es eine Auszeit bekommt, wenn es sich weiter so schlecht benimmt. Dann entschuldigt es sich und bettelt, keine Auszeit nehmen zu müssen. Gewöhnlich will ich dann auch nicht so hart sein und gebe nach. Aber oft benimmt es sich danach nicht besser. Ist es dann zu spät, ihm eine Auszeit zu geben?
Absolut nicht. Aber Sie sollten ihm gleich nach der ersten Warnung eine Auszeit geben. Die Grenzen müssen eingehalten werden. Sonst weiß Ihr Kind, dass es immer weiter gehen kann. Warten Sie nicht ab. Machen Sie ganz deutlich, dass schlechtes Benehmen keine Chance hat.

Meine Schwiegermutter will die Auszeit nicht einsetzen. Stattdessen hat sie meine fünf- und siebenjährigen Söhne verhauen. Das regt mich furchtbar auf. Wie soll ich damit umgehen?
Sie müssen Ihrer Schwiegermutter klarmachen, dass die Auszeit die Erziehungsmethode ist, die Sie zu Hause anwenden, und dass Sie es nicht dulden, wenn Ihre Kinder verhauen werden. Sprechen Sie mit ihr über die Auszeit-Methode. Erklären Sie, warum Sie sie verwenden und wie Sie

Fragen und Antworten

das tun. Bitten Sie sie, ebenfalls die Auszeit-Methode einzusetzen, wenn sich Ihre Söhne bei ihr danebenbenehmen.

Meine vierjährige Tochter zieht sich aus, wenn sie auf dem Auszeit-Stuhl sitzt. Ich rege mich fürchterlich darüber auf. Ein paar Mal habe ich die Auszeit schon abgebrochen und ihr ihre Kleider wiedergegeben. Was kann ich tun, um dieses Verhalten zu unterbinden?
Sie haben ein kluges kleines Mädchen. Aber Sie sind schlauer. Machen Sie gar nichts. Ihre Tochter will Sie aus der Fassung bringen. Ignorieren Sie sie einfach. Wenn sie vom Stuhl aufsteht, stellen Sie den Wecker neu. Dann sitzt sie eben einmal einige Zeit ohne Kleider auf dem Stuhl. Sie wird schon merken, dass das nicht so angenehm ist.

Meine sechsjährige Tochter erzählt uns immer kleine „Geschichten". Ich nenne das Lügen. Sie übertreibt alles. Mir ist das manchmal richtig peinlich. Was soll ich tun?
Erklären Sie Ihrer Tochter den Unterschied zwischen Wahrheit und Unwahrheit. Reagieren Sie nicht über, wenn Sie eine solche Geschichte hören. Erklären Sie ihr, warum es nicht richtig ist zu lügen. Sagen Sie ihr, dass ihre Freunde ihr sonst nicht mehr trauen werden. Schlagen Sie Ihrer Tochter einfach vor, dass sie es sagt, wenn sie ein bisschen flunkert: „Ich erzähle euch jetzt was, aber das stimmt nicht so ganz." Es ist schön, eine wache Fantasie zu haben. Aber man muss Wahrheit von Lüge unterscheiden können.

Mein Drittklässler hat ein sehr schwaches Selbstwertgefühl. Wie kann ich ihm helfen?
Finden Sie zunächst heraus, ob Ihr Kind in der Schule tatsächlich Leistungsprobleme hat. Wenn das der Fall ist, müssen Sie erst dieses Problem angehen. Wenn er aber nur

das Gefühl hat, dass er nichts gut genug macht, müssen Sie ihn stärken. Loben Sie ihn oft. Stellen Sie keine zu hohen Ansprüche an ihn. Lassen Sie ihn an außerschulischen Aktivitäten teilnehmen, die er mag: Sport, Kunst, Musik usw.

Mein zehnjähriger Sohn rauft immer mit meinem Fünfjährigen. Wie soll ich es mit der Strafe halten? Soll ich beiden Kindern eine Auszeit geben?
Ja. Geben Sie dem größeren Kind eine Auszeit von zehn Minuten und dem jüngeren eine Auszeit von fünf Minuten. Die beiden sollten sich während der Auszeit nicht anschauen können.

Mein Sohn erlebt manchmal, dass sein Freund von seinen Eltern verhauen wird. Was soll ich sagen?
Sagen Sie Ihrem Sohn, dass jede Familie andere Strafen hat. Sagen Sie ihm nicht, dass das, was die Mutter seines Freundes tut, „schlecht" ist. Vielleicht sprechen Sie mit dieser Mutter mal diplomatisch über die Auszeit.

Mein Mann meint, die Auszeit sollte nur zu Hause angewandt werden. An einem öffentlichen Ort ist es ihm peinlich. Ich bin anderer Meinung. Was meinen Sie?
Damit die Auszeit wirksam ist, muss sie konsequent angewandt werden. Wenn Ihr Kind weiß, dass Sie die Auszeit an einem öffentlichen Ort nicht durchführen werden, wird es das ausnutzen.

Mein siebenjähriger Sohn hört einfach nicht auf, andere Kinder zu beißen. Ich habe es auch schon mit der Auszeit-Methode probiert, aber nichts funktioniert.
Vielleicht besteht bei Ihrem Sohn ein tiefer liegendes Problem, das man nicht durch die Auszeit-Methode lösen

Fragen und Antworten

kann. Wenn das Beißen nicht aufhört, müssen Sie eventuell professionelle Hilfe in Anspruch nehmen.

Meine Kinder streiten ständig um Spielsachen und Fernsehsendungen. Ich bin es leid, den Schiedsrichter zu spielen. Was soll ich machen?
Verwenden Sie einen Wecker. Legen Sie bestimmte Zeiten fest und lassen Sie jedes Kind abwechselnd mit dem Spielzeug spielen bzw. eine Sendung anschauen. Wenn der Wecker klingelt, wird das Spielzeug getauscht bzw. die Sendung gewechselt. Die meisten Kinder reagieren sehr gut auf den Wecker, weil er eine „gerechte" Lösung darstellt.

Mein vierjähriger Sohn ist völlig hyperaktiv. Er kann kaum stillsitzen und längere Zeit spielen. Meinen Sie, da stimmt etwas nicht oder ist dieses Verhalten altersgemäß?
Viele vierjährige Jungen sind extrem aktiv, aber nicht unbedingt hyperaktiv. Beobachten Sie das Verhalten Ihres Sohnes über einen bestimmten Zeitraum. Kann er mindestens 15 Minuten beim Essen sitzen bleiben oder mit einem Spielzeug spielen? Lässt er sich leicht ablenken? Kann er Anweisungen befolgen? Erscheint Ihnen Ihr Kind im Vergleich zu Gleichaltrigen aktiver? Wenn Sie nach genauer Beobachtung immer noch den Eindruck haben, dass Ihr Kind hyperaktiv und unkonzentriert ist, gehen Sie mit ihm zum Kinderarzt oder einem Kinderpsychologen zur Untersuchung.

Bei meinem Kind wurde ein Aufmerksamkeitsdefizitsyndrom festgestellt. Kann ich bei ihm die Auszeit-Methode anwenden?
Unbedingt. Kinder mit ADS profitieren in besonderer Weise von klaren Strukturen und Grenzen. Ein konsequenter Ein-

satz der Auszeit-Methode bietet genau diese Ordnung. Dabei kommt es ganz besonders auf Konsequenz an, denn ein ADS-Kind wird seine Grenzen immer wieder austesten, wenn es nicht genau weiß, dass dies jedes Mal zu Konsequenzen führt.

Wenn ich meine sechsjährige Tochter tadle, wird sie wütend und sagt: „Ich hasse dich." Das verletzt mich sehr. Was soll ich tun?
Natürlich darf Ihre Tochter wütend sein und ihre Gefühle äußern; aber sie darf niemanden mit ihren Worten verletzen. Lehren Sie Ihr Kind, seine Gefühle auf andere Weise zum Ausdruck zu bringen. Ihre Tochter kann z. B. sagen: „Ich bin wütend", „Ich mag dich jetzt gar nicht" oder „Du regst mich auf."

Register

Alternativen *44*
Anziehen *116*
Aufmerksamkeitsdefizitstörung (ADS) *88*
Ausziehen *116*

Baden *113*
Betrügen *107*

Diskussionen *43*
Disziplin *18*
Drogen *15*
Drop-off *91*
Drop-out *91, 92*

Einschlafrituale *110, 111, 113*
Eltern *63, 64, 94–99*
Eltern-Kind-„Passung" *82, 83*
Essen *114, 115*
Essensregeln *116*

Fairness *43*
Familienbett *112*
Familienkonferenz *25*
Fernsehen *118*

Gefühle *42*
Geschwister *63*
Geschwisterrivalität *66*
Gewalt *15*
Gewaltfreie Erziehung *16*
Grenzen *31, 32, 38*

Intelligenz *86*
Interpersonelle Intelligenz *86*

Intrapersonelle Intelligenz *86*

Kämpfen *107*
Kinästhetische Intelligenz *86*
Klaps *34, 35*
Kommunikation *53–60*
Konsequenz *37, 38*

Lachen *46*
Leere Drohungen *59*
Lernstile *85*
Loben *47, 48*
Logische Folgen *56–58*
Logische Intelligenz *86*
Loslassen *102, 103*
Lügen *107*

Maulen *107*
Morgenritual *117*
Musische Intelligenz *86*

Nonverbale Kommunikation *54, 55*

Ort *27*

Partnerschaft *93, 94*
Positive Verstärkung *39–52*
Prioritäten *105, 107*
Problemlösungsstrategien *32, 33*
Punktesystem *49–52*

Räumliche Intelligenz *86*

Reden *57–60*
Regeln *55, 56*
Rüpelhaftes Benehmen *107*

Schlagen *107*
Schuldzuweisungen *45*
Selbstständigkeit *49*
Sprachliche Intelligenz *86*
Stehlen *107*
Stoßen *107*
Stress *62, 90*
Stuhl *22, 23, 24*

Teamwork *96–99*
Temperament *30, 73–88*
Trotzanfall *76–79*

Vergünstigungen *67, 68, 71*
Vorbildverhalten *108*

Wecker *25*
Widerspenstiges Kind *81*
Wutanfall *78–80*

Zählen *36–38*
Zeitplan *81, 82*